Thomas Erne | Sabine Jocher

WO GEHT'S HIER ZUM LEBEN

?

Was Gott mit deinem Alltag zu tun hat

Gabriel

Mehr über unsere Bücher, Autoren und Illustratoren
auf www.gabriel-verlag.de

Erne, Thomas/Jocher, Sabine:
Wo geht's hier zum Leben? –
Was Gott mit deinem Alltag zu tun hat
ISBN 978 3 522 30464 1

Gesamtgestaltung: Alexander Weiler
Einbandtypografie: Alexander Weiler
Innentypografie: Prill Partners producing, Berlin
Reproduktion: Digitalprint GmbH, Stuttgart
Druck und Bindung: Livonia Print, Riga

Inhalt

Wo geht's hier zum Leben?

Versuch dir einmal den Anfang vorzustellen. Denk alles weg, was es gibt: Die Häuser, die Straßen, die Bäume, die Tiere, sogar du selbst bist nicht da. Alles ist leer. Nur Gott ist da. Ein unerschöpflicher Pool an Ideen, aus dem alles, was ist, entsteht: das Licht, der Raum, die Zeit, die Welt, die Tiere, die Bäume, die Menschen, auch du selbst. Dann bist du am Anfang. Da, wo alles Leben herkommt. Bei Gott. Und das ist nicht nur am Anfang so. Tag für Tag begleitet Gott die Welt, die er erschaffen hat, und sorgt für frischen Wind, für Überraschungen, neue Ideen und gute Zufälle – auch in deinem Leben.

Ein solcher Zufall könnte es sein, dass du dieses Buch in die Hand nimmst. Es ist ein offenes Buch, das du mit deiner Fantasie und deinen Gedanken zu Ende schreiben kannst. Du findest biblische Texte, kleine Geschichten, spannende Dialoge, witzige Bilder und jede Menge O-Töne, also Ideen und Aussagen über Gott, original von Jugendlichen aus Köngen, mit denen wir in den Jahren 1999–2004 zusammengearbeitet haben. Die Jugendlichen sehen Gott ganz unterschiedlich. Allen gemeinsam ist aber, dass sie versucht haben, Gott und ihr Leben zusammenzubringen. Dieses Buch kann dir helfen deine eigenen Ideen von Gott zu entwickeln.

Es gibt verschiedene Themen in diesem Buch. Du kannst vorne anfangen zu lesen, mittendrin oder am Schluss, ganz wie du willst. Wie ein roter Faden zieht sich durch das ganze Buch die Frage: Was hat Gott mit mir zu tun? Deshalb gibt es auch keine Reihenfolge, die du einhalten musst. Schau ins Inhaltsverzeichnis. Was dich reizt, das ist genau richtig.

kontakt

Schreib uns ...

Wir, das ist das Autorenteam Sabine Jocher und Thomas Erne, freuen uns, wenn wir von dir hören. Unten findest du unsere E-Mail-Adressen. Schreib uns, wenn du Fragen hast. Du kannst uns aber auch einfach nur schreiben, womit du nichts anfangen kannst oder was dir gut gefällt.

Thomas Erne (thomas-erne@t-online.de)
Sabine Jocher (sjocher@t-online.de)

LÄSST GOTT MIT SICH REDEN?

Wozu Beten gut ist

Das kennt jeder!

An manchen Tagen läuft alles prima. Da fühlst du dich so richtig gut und möchtest das auch jemandem sagen. Dann kannst du mit Gott reden. An anderen Tagen geht alles schief. Du hast Liebeskummer. Du bekommst Krach mit deinen Eltern – und dann noch eine miese Note in der Klassenarbeit. Da musst du irgendwo deinen Frust abladen. Auch dann kannst du mit Gott reden. Er hört dir zu. Du kannst ihn vor der Klassenarbeit bitten dir ein wenig unter die Arme zu greifen. Frag ihn, wie du das Problem mit deinen Eltern am besten klärst. Und erzähl ihm, wie es dir mit deinem Liebeskummer geht. Das Lernen wird Gott dir nicht abnehmen. Auch nicht das klärende Gespräch mit deinen Eltern. Aber du wirst merken, dass es dir ein gutes Gefühl gibt, mit Gott zu reden. Du kannst ihn nicht sehen. Aber du spürst, dass er hinter dir steht, egal was passiert. Du kannst Gott sogar ab und zu sagen: »Toll, dass du mir den Rücken stärkst.« Auch Gott kann ein Lob gut gebrauchen.

Beten – wie geht das?

Bitte: Ich sage Gott, was ich von ihm brauche.
Fürbitte: Ich sage Gott, was andere Menschen von ihm brauchen.
Dank: Ich danke Gott für alles Gute, das ich von ihm bekomme.
Lob: Ich staune über die Güte und Liebe Gottes – und sage es ihm.
Klage: Ich frage Gott, wenn ich etwas nicht verstehe, und ich sage ihm, wenn ich wütend, traurig und verzweifelt bin.

Gebete aus der Bibel – heute so aktuell wie damals

Das Vaterunser kennt beinahe jeder. Es ist das bekannteste Gebet der Christen, weil es von Jesus selbst stammt. Das Besondere an diesem Gebet ist das erste Wort: Vater. Auf Aramäisch, der Sprache, die Jesus gesprochen hat, heißt es: Abba. Das bedeutet eigentlich: Papa. Es ist eine liebevolle Anrede Gottes. So hat Jesus mit Gott geredet. Und uns alle hat er eingeladen, auch so mit Gott zu reden.
Die Psalmen sind älter als das Vaterunser. Der bekannteste Psalm ist der Psalm 23 vom guten Hirten. Es gibt einhundertfünfzig Psalmen. Sie stehen im Alten Testament und sind die Gebete Israels.
In den Psalmen findet man die Grundformen des Betens: Bitte, Fürbitte, Dank, Lob und Klage. Im Vaterunser dagegen findet man die besondere Art und Weise, in der Jesus mit Gott geredet hat. So offen und voller Vertrauen wie ein Sohn mit seinem Vater spricht.

Das Vaterunser

Immer mehr Menschen wollten Jesus sehen und hören, was er sagte. Sie zogen mit ihm, wohin er auch
ging. Als Jesus merkte, dass es zu viele geworden waren, stieg er mit der Menge auf einen Berg. So konnten ihn alle sehen und hören. Dort sprach Jesus mit
ihnen über viele Dinge, auch über das Beten: Wenn
ihr betet, dann stellt euch nicht damit zur Schau. Ihr
braucht nicht viele Worte zu machen, wenn ihr mit
Gott redet. Er weiß ja schon, was ihr braucht, bevor
ihr ihn darum bittet. So sollt ihr beten:

Vater unser im Himmel.
Geheiligt werde dein Name.
Dein Reich komme.
Dein Wille geschehe,
wie im Himmel so auf Erden.
Unser tägliches Brot gib uns heute.
Und vergib uns unsere Schuld,
wie auch wir vergeben unseren Schuldigern.
Und führe uns nicht in Versuchung,
sondern erlöse uns von dem Bösen.
Denn dein ist das Reich
und die Kraft
und die Herrlichkeit in Ewigkeit.
Amen | Matthäus 6, 9–13

bibeltext

Das Vaterunser heute

Vater unser.
Niemand soll schlecht über dich sprechen.
Die Welt soll deinen Wünschen entsprechen
und alle Menschen sollen leben,
wie du es dir gedacht hast.
Lass uns unser Brot schätzen, nicht nur das viele Geld.
Vergiss unsere Fehler und wir vergessen,
was andere uns angetan haben.
Pass auf, dass wir keine Drogen nehmen.
Hilf uns, dass wir keine schlechten Gedanken haben
und erlöse die Welt von Kriegen und Zerstörung.
Amen | Alina, Vanessa, Julia

Vater unser.
Dein Name wird in Ehren gehalten.
Deine Welt, wie du sie willst, soll kommen.
Lass unsere Gedanken sein
wie die der Engel im Himmel.
Nimm uns die wesentlichen Dinge nicht weg –
für uns unser Handy, für die Armen ihr Essen.
Vergib uns die Dinge, an denen wir schuld sind und
die so peinlich sind, dass wir sie nicht sagen können.
So können wir auch anderen vergeben.
Nimm das Teufelchen weg aus unseren Gedanken,
das zu uns sagt: Hauptsache, du hast deinen Spaß –
was mit den anderen Menschen passiert, ist egal.
Und lass es nicht zu Streitigkeiten kommen, die so
heftig sind, dass wir uns manchmal wünschen, die
andere Person wäre überhaupt nicht auf der Welt.
Amen | Janina und Jessica

Oton

Freund

M Der Herr ist mein Hirte,
mir wird nichts mangeln.
Er weidet mich auf einer grünen Aue
und führet mich zum frischen Wasser.
Er erquicket meine Seele.
Er führet mich auf rechter Straße
um seines Namens willen.
Und ob ich schon wanderte im finstern Tal,
fürchte ich kein Unglück;
denn du bist bei mir,
dein Stecken und Stab trösten mich.
Du bereitest vor mir einen Tisch
im Angesicht meiner Feinde.
Du salbest mein Haupt mit Öl
und schenkest mir voll ein.
Gutes und Barmherzigkeit werden mir folgen
mein Leben lang,
und ich werde bleiben im Hause des Herrn
immerdar. | Psalm 23 nach Luther

k Das Gefühl alleine zu sein – das hab ich schon
mal gespürt. Das fühlt sich an, wie wenn man in
einem finsteren Wald allein gelassen wird und man
findet nicht mehr zurück. Aber dann gibt es auch
dieses gute Gefühl, wenn man wieder zu Hause ist,
bei seiner Familie und seinen Freunden. Beim ersten
Gefühl stelle ich mir das finste-
re Tal vor. Beim zweiten Gefühl stelle ich mir Gott mit
seinem Stecken und Stab
vor. Also, Gott ist mein
Hirte und er gibt auf
mich Acht. | Thomas

13

Ich hab ein gutes Gefühl, wenn ich mir dir rede, Gott!

Bitte

Gott, ich bitte dich, öffne ein kleines Stück Himmel für mich. | Malu

Ich bitte dich, Gott, dass es mir und meinen Freunden gut geht und wir füreinander da sind. | Janina

Gott, ich bitte dich um ein langes Leben, dass du mich beschützt und nicht ins offene Messer laufen lässt. | Michael

Fürbitte

Gott, ich bitte dich für die Kinder, dass sie zu essen, etwas anzuziehen und ein Dach über dem Kopf haben. Lass sie Spaß an ihrem Leben haben und gib ihnen Menschen, die sich um sie sorgen. Mach, dass kein Kind Opfer von Krieg und Gewalt wird. | Saskia

Ich bitte dich, Gott, dass wir bedrohte Tierarten nicht ausrotten und dass du uns zeigst, wie wir mit der Natur schonend umgehen können. | Ulrike

Ich bitte dich, Gott, für alle Menschen, die alleine sind, dass sie einen Freund finden, der sie auf ihrem Lebensweg begleitet. | Sarah

Klage

Ich versteh nicht, Gott, warum junge Menschen sterben müssen – und kleine Kinder. Ich will ja an dich glauben, aber ich hab manchmal meine Zweifel, ob du uns wirklich beschützt. | David

Manchmal zweifle ich, ob es dich gibt, Gott. Kannst du das verstehen? Keiner kann mir deine Existenz beweisen. Aber wenn es dich gibt, dann musst du weiblich sein. So etwas Tolles wie die Welt kann nur eine weibliche Intelligenz schaffen. Warum hast du dann aber die Männer geschaffen? | Sabine

Gott, wie siehst du aus? Bist du freundlich? Humorvoll? Oder streng und unnahbar? Warum zeigst du dich nicht mehr auf der Erde? | Jakob

Dank

Danke, Gott, für Fairness und Teamgeist im Sport. | Anni

Danke, Gott, dass es mich gibt. | Jasmin

Danke, Gott, dass ich gesund bin und es mir so gut geht. | Nathalie

Gott, ich danke dir, dass ich lachen kann. Lass alle Menschen mindestens einmal am Tag herzhaft lachen. | Bianca

Lob

Gott, du hast die Erde und die ganze Natur geschaffen und allen das Leben gegeben. Du hast den Himmel aufgespannt, dass ich mich darunter geborgen fühle. Gott, du Vater, du Schöpfer der Erde. | Kristina

Eine Zeit lang warst du sehr weit weg, Gott. Aber ich habe dich inzwischen besser kennen gelernt. Jetzt weiß ich, wie wichtig du für mein Leben bist. | Benjamin

FEST ODER FRUST?

Warum wir Weihnachten feiern

Fröhliche Weihnachten

Weihnachten ist ein ganz schöner Stress. Deine Mutter nervt mit ihrem Putz- und Dekorierfimmel. Dein Vater rotiert in der Arbeit. Überall Weihnachtsbäume in den Läden und die Leute spielen verrückt mit ihren Einkäufen. Am liebsten würdest du dich auf eine einsame Insel wegbeamen. Aber stell dir vor: Dieses Jahr fällt Weihnachten einfach aus! Das ganze Weihnachtstheater – einfach gestrichen. Es gibt keine Weihnachtsferien, keine Weihnachtsgeschenke, keine Weihnachtsgeschichte und keine Weihnachtsgans. Alles ganz normal. Wie an jedem anderen Tag. Vielleicht würde dir dann doch etwas fehlen. Weihnachten kann ja auch ganz gemütlich sein. Manchmal ist es sogar richtig witzig, wenn die Geschenke ausgepackt werden, die ganze Familie zusammensitzt und etwas Gutes isst, der Vater die Weihnachtsgeschichte vorliest und die Schwester die Blockflöte herauszieht und versucht »Stille Nacht« zu spielen. Das erste Weihnachtsfest war so. Ohne Stress, ohne Rummel.
Auch heute könnte Weihnachten einfach und schön sein. Du kannst selbst mit dem stressfreien Weihnachten anfangen. Überlege dir, was das Besondere an einem Menschen ist, den du magst. Und dann ver-

suche es ihm zu sagen. Das kannst du mit einem Geschenk tun, musst du aber nicht. Ein Lachen, eine Umarmung, Zeit für den anderen sind viel wichtiger.

Was bedeutet Weihnachten eigentlich?

An Weihnachten kommt Gott aus dem Himmel auf die Erde. Gott wird Mensch. Der Schöpfer aller Dinge geht hinein in die Welt, die er selbst geschaffen hat: in die Zeit, in die Vergänglichkeit, das Glück, die Freundschaft, die Zärtlichkeit. Er lernt die Arbeit kennen, den Hunger, den Durst, die Armut, die Not, die furchtbarsten Schmerzen und die schönsten Gefühle, den Tod und die Liebe. Gott sehnt sich nach den Menschen. Aber er wird nicht Mensch, um den Himmel loszuwerden, sondern um ihn in die Welt hineinzutragen.

»Es gibt so viel Schönes bei uns im Himmel«, sagt Seth im Film »Stadt der Engel«, »aber ich möchte nicht mehr Engel sein, weil ich einmal in eine Birne beißen möchte, einmal Schmerz fühlen – und einmal die Liebe. Dafür lohnt es sich sogar, den Tod in Kauf zu nehmen.« Seth meint sich entscheiden zu müssen: Entweder Engel oder Mensch. Entweder im Himmel oder auf der Erde sein. Aber Seth irrt sich. Gott kommt in die Welt und er bringt den Himmel mit. Und deshalb muss sich an Weihnachten auch niemand entscheiden, ob er ein Engel sein will, ohne Gefühle zu haben, oder ob er Gefühle haben will, aber kein Engel sein kann. Gott wird Mensch. Er ist hungrig und durstig, bedürftig und hilflos. Er wird sogar ein Kind, das uns braucht, unsere Liebe, unsere Gefühle, unsere Aufmerksamkeit. Der allmächtige Gott, der Schöpfer aller Dinge. Im Himmel muss man Gott respektieren und fürchten. Aber auf der Erde kann man ihn gern haben wie ein Kind. Und deshalb wird Gott so klein: Damit wir lernen ihn zu lieben.

Wenn Gott als Kind geboren wird, dann heißt das für mich ...

Er braucht Liebe! Ich fühle mich ihm näher. | Sabrina

Gott wird angreifbar, er kann sich nicht wehren! Ich will ihn vor Gefahren schützen. | Marcel

Gott ist einzigartig! | Daniel

Gott ist klein, schwach, kann nicht für sich selbst sorgen! Ich behandle ihn wie Porzellan. | Michael

Gott kann doch keine menschliche Gestalt annehmen! Ich habe Angst, dass er nicht mehr mächtig ist, wenn er so klein ist. | Markus

Er ist hungrig, durstig, müde. Ich möchte ihm helfen. | Sandra

Er ist fröhlich, glücklich, neugierig. Ich freue mich über ihn und er bringt mich zum Lachen. | Marina

Gott bleibt auch als kleines Kind stark und mächtig, man sieht es ihm nur nicht an. | Ina

O-ton

Jesus wird geboren

In der Zeit, da Jesus geboren wurde, ordnete der römische Kaiser Augustus an, dass alle Menschen in seinem Reich in Steuerlisten eingetragen werden sollten. Die Menschen zogen los. Jeder ging in die Stadt, aus der seine Familie stammte. Auch Josef, ein Zimmermann aus Nazaret, machte sich auf den Weg nach Betlehem, der Stadt König Davids. Josef stammte von der Familie Davids ab. Er nahm Maria mit, seine Verlobte. Die war schwanger. Als sie in Betlehem ankamen, bekam Maria Wehen. Sie gebar ihren Sohn, wickelte ihn in Windeln und legte das Kind, das sie Jesus nannte, in eine Krippe.

In der Gegend um Betlehem waren Hirten bei ihren Herden draußen auf dem Feld. Da trat ein Engel zu ihnen. Ein herrliches Licht ging von ihm aus. »Fürchtet euch nicht«, sagte der Engel, »ich bringe euch und allen Menschen große Freude. Euch ist heute der Retter geboren. An diesem Zeichen werdet ihr ihn erkennen: Sucht nach einem neugeborenen Kind, das in Windeln gewickelt ist und in einer Krippe liegt.« Plötzlich war bei dem Engel ein ganzes Heer von Engeln, die lobten Gott und sprachen: »Ehre sei Gott in der Höhe und Friede auf Erden bei den Menschen, die seinen Willen tun.« Als die Engel die Hirten wieder verlassen hatten, sagten die Hirten zueinander: »Gehen wir nach Betlehem. Sehen wir nach, ob das stimmt, was Gott uns durch seine Engel ausrichten ließ.« Sie machten sich auf den Weg und fanden Maria, Josef und das Kind, das in der Krippe lag. Als sie es gesehen hatten, kehrten sie wieder um und erzählten allen Menschen, denen sie begegneten, was sie gesehen und was der Engel ihnen über das Kind gesagt hatte. Alle, denen sie begegneten, staunten über ihre Worte. Maria aber bewahrte die Worte der Hirten in ihrem Herzen und dachte lange darüber nach. Die Hirten aber lobten Gott für alles, was sie gehört und gesehen hatten. | Lukas 2, 1–20

bibeltext

Engel-Theater

von Holger, Julian, Katja, Melanie, Stefan, Teresa und Ulrike

Ganz schön viel Stress damals für Maria und Josef, und ich glaube auch für Gott. Der ist ja ein echtes Risiko eingegangen. Ich weiß nicht, ob ich an seiner Stelle Jesus als Baby auf die Erde geschickt hätte. Hätte ja auch schief gehen können. Schon cool, wie Gott sich alles ausgedacht hat. Auch das mit den Engeln. Vielleicht waren die überhaupt nicht begeistert von seiner Idee. Vielleicht musste Gott im Himmel mit seinen Engeln sogar herumdiskutieren. Ich stell mir das so vor:

23

Gott im Himmel und auf Erden

Was tut Gott nun an Weihnachten? Eines lässt sich ziemlich sicher sagen: Der Vorschlag des ersten Engels, dass Jesus im Himmel bleibt und Weihnachten ausfällt, wird bei Gott durchfallen. Obwohl es für Gott bestimmt die bequemste Lösung wäre.

Gott kommt mit seinem Sohn auf die Erde – das war der Vorschlag des dritten Engels. Nur so, sagt der Engel, wird seine Liebe für die Menschen auch spürbar. Deshalb soll Gott den Himmel verlassen und ein Mensch werden wie du und ich. Dann kann seine Liebe die Menschen anstecken. Auch du kannst dann mit deinen Gaben die Liebe Gottes in die Welt tragen und für andere ein Licht und ein Segen sein. Deshalb bekommst du an Weihnachten auch Geschenke, obwohl du nicht in der Krippe im Stall liegst.

Was ist aber, wenn der Himmel leer ist? Niemand, der auf mich aufpasst? Keine letzte Gerechtigkeit? Kein Gott, der mich zu sich nimmt am Ende meines Erdenlebens? Wir brauchen doch einen Vater im Himmel, sagt der zweite Engel, zu dem wir beten können, der uns zuhört, uns versteht und rund um die Uhr für uns da ist.

Zum Glück müssen du und ich nicht entscheiden, was Gott tun sollte. Ich glaube, Gott tut beides. Er wird an Weihnachten ein Mensch, kommt dir und mir ganz nahe und bleibt zugleich der Vater im Himmel, der den Überblick behält.

STARKER TYP, ABER MAUSETOT?

Jesus von Nazaret

Dein Lebenshaus

Stell dir einmal dein Leben als ein Haus vor. Ein großes Haus mit vielen Zimmern auf mehreren Stockwerken und einem großen Dachboden. Ganz oben hast du begonnen es zu bewohnen. Da, wo du dem Himmel am nächsten warst. Dort ist dein Kinderzimmer mit direktem Zugang zum Dachboden, in einer großen Truhe liegt dort noch dein altes Spielzeug.

Je länger du in deinem Lebenshaus wohnst, desto weiter ziehst du die Stockwerke hinunter. Da ist das Zimmer mit den Plakaten von Rockstars an den Wänden, in dem du als Teenager wohnst. Da ist das Stockwerk, das du als Erwachsener bewohnen wirst. Ganz unten werden die Zimmer deines Alters sein. Immer näher an der Erde.

Was erwartet dich, wenn du zum Beispiel die Tür öffnest in das Zimmer deines Alters? Und was siehst du in deinem Kinderzimmer? Deine Lieblingsgeschichten? Deine Lieblingsspiele? Deine Eltern und Großeltern? Viel Geborgenheit und Wärme findest du dort. Aber auch manches, was dich als Kind erschreckt hat. Donner und Blitz, nachts die Dunkelheit, die Strenge der Erwachsenen. Manches, das dir bis heute die Tränen in die Augen treibt. In Gedanken steigst du die Treppe in deinem Haus hinauf und hinunter. Dabei wirst du von Jesus begleitet. Zweimal im Neuen Testament kommt das Wort »umarmen« vor. Zweimal sind es Geschichten, in denen Jesus Menschen umarmt. Was du in deinem Lebenshaus erlebst an Glück und Schmerz, an Schönheit und an Ungerechtigkeit, das gehört zu deinem Leben. Aber du kannst besser damit leben, wenn Jesus dich begleitet. Er lässt dich spüren, dass dich Gott umarmt und bei dir ist, egal was passiert. Und wenn du am Ende deines Lebens dein Lebenshaus verlassen musst, dann wird dich Gott in seine Arme nehmen in seiner neuen Welt.

Wer war Jesus?

Jesus wurde zur Zeit des römischen Kaisers Augustus in Betlehem geboren. Er galt als der Sohn des Zimmermanns Josef aus Nazaret und seiner Frau Maria. Jesus lebte ungefähr dreißig Jahre lang. Er wurde von einem seiner Anhänger verraten, zu Unrecht angeklagt und starb dann unschuldig den qualvollen Verbrechertod am Kreuz.

Jesus erzählte in Gleichnissen und Geschichten den Menschen von der Liebe Gottes. Der barmherzige Samariter ist ein Beispiel, wie sich Gott den niedergeschlagenen Menschen zuwendet. Der verlorene Sohn zeigt, wie Gott jeden in die Arme schließt, der zu ihm umkehrt. Die Geschichte von Zachäus erzählt, wie die Liebe Gottes Vorurteile überwindet. Jesus heilte viele Kranke und sammelte eine Gruppe von Anhängern um sich, die er seine Jünger nannte. Jesus war ein Mensch wie du und ich. Aber er lebte in einer tiefen Beziehung zu Gott, wie ein Sohn mit seinem Vater. Er hat selbst nichts aufgeschrieben. Was wir von ihm wissen, stammt von Menschen, die nach seinem Tod die Erfahrung gemacht haben, dass Jesus in ihnen und ihrem Glauben an einen liebenden Gott weiterlebt. Wenn ich heute wissen will, wer Gott in Wahrheit für mich ist, dann lese ich die Geschichten, die von Jesus in der Bibel, im Neuen Testament, gesammelt sind. Und ich versuche diese Geschichten in meine Zeit und mein eigenes Leben zu übertragen.

Starker Typ, aber mausetot?

Beschützer

M Und Jesus trat herzu und sprach zu ihnen: »Mir ist gegeben alle Gewalt im Himmel und auf Erden. Darum gehet hin und machet zu Jüngern alle Völker: Taufet sie auf den Namen des Vaters und des Sohnes und des Heiligen Geistes und lehret sie halten alles, was ich euch befohlen habe. Und siehe, ich bin bei euch alle Tage bis an der Welt Ende.« | Matthäus 28, 18–20 nach Luther

k An Weihnachten habe ich den Engel in der Weihnachtsgeschichte gespielt, der den Hirten erscheint. Zuerst sind die Hirten ganz verängstigt, aber dann sagt ihnen der Engel, dass sie sich nicht fürchten müssen, denn heute ist Gottes Sohn in Betlehem geboren worden und sie sollen gehen und ihn anschauen. Und ich glaube, damit hat diese Verheißung zu tun.
Die Hirten hatten nichts zu verlieren. Der Engel sagte zu ihnen, dass Jesus ein Stück des Himmels auf die Erde bringt wie zum Beispiel Frieden und Wohlgefallen. Und als sie dann Jesus sahen, wurden sie zwar nicht reicher, was ihren Besitz betrifft, aber sie bekamen die Hoffnung auf ein besseres Leben. Als Jesus erwachsen war, hat er ja auch versprochen, immer für sie da zu sein, auch nach seinem Tod. Das ist die eigentliche Verheißung: »Und siehe, ich bin bei euch alle Tage, bis an der Welt Ende.« Das ist das Versprechen, das Jesus jedem von uns an seiner Taufe gibt. | Eva

Das Abendmahl

Als sie beim Abendessen zusammensaßen, sagte Jesus zu seinen Jüngern: »Einer von euch wird mich verraten.« Die Jünger waren wie gelähmt. Einer nach dem anderen fragte ihn: »Bin ich es?«

Jesus antwortete: »Einer wird gleich das Brot mit mir in die Schüssel tauchen. Der wird mich verraten. Wehe dem Menschen, der mich verraten wird. Es wäre besser für ihn, er wäre nie geboren worden.«

Es war aber Judas, der ihn verraten wollte. Er fragte ihn: »Herr, bin ich es?« – »Du sagst es«, antwortete Jesus. Dann nahm er das Brot, sprach das Segensgebet, brach es auseinander und gab es seinen Jüngern mit den Worten: »Nehmt und esst, das ist mein Leib.« Dann nahm er den Kelch, sprach das Dankgebet, gab ihn seinen Jüngern und sprach: »Trinket alle daraus. Das ist mein Blut, das für viele vergossen wird zur Vergebung der Sünden. Es ist das Zeichen des neuen Bundes zwischen Gott und den Menschen.«

Nach dem Essen gingen sie hinaus in den Garten am Ölberg. | Matthäus 26, 20–30 frei nach Luther

bibeltext

Wie könnte ein Abendmahl mit Jesus heute aussehen?

von Anni, Benny, Eva und Moritz

Lena, die Verkäuferin: Es tut mir Leid, aber ich soll euch von Jesus ausrichten, dass er ein wenig später zum Essen kommt. Er muss noch ein Kind heilen. Das kann noch ein wenig dauern.

Otto, der Chefarzt: Wir können ja schon einmal ohne ihn anfangen. Ist doch eh klar, wo er sitzt: natürlich hier oben bei uns.

Fritz, der Müllmann: Wieso da oben bei euch. Er kann doch auch hier unten bei uns sitzen. Wir brauchen ihn mehr als ihr. Ihr habt doch schon alles.

Sandra, die Bürgermeisterin: Wir sind aber wichtiger. Wir haben eindeutig mehr zu sagen!

Fritz: Er hat selbst gesagt, dass die Schwachen ihn dringender brauchen. Ich bestehe darauf, dass er bei uns sitzt.

Otto: Schluss jetzt. Es ist nicht unsere Sache, die Sitzordnung zu bestimmen. Außerdem war es schon immer so, wie es jetzt ist.

Fritz: Nur weil ihr die Wichtigmänner und Wichtigfrauen seid, könnt ihr doch nicht alles bestimmen. Jesus sitzt auf unserer Seite, hier unten – ich besteh darauf!

Fritz holt den Sessel von Jesus und stellt ihn ans untere Ende.

Sandra: Na prima. Viel hat sich nicht geändert. Alles hat sich nur umgekehrt. Jetzt bekommt ihr alles und wir bekommen nichts.
Fritz: Ja – genau. So wollen wir das haben.
Sandra: Aber dann würde sich am Ende überhaupt nichts ändern! Was würde denn eigentlich Jesus selbst tun?
Lena: Ich glaube, wenn Jesus kommt, dann gibt er jedem das Gleiche. Er schaut die Person an und nicht die Rolle, die jemand in der Gesellschaft hat.
Otto: Woher willst denn ausgerechnet du das so genau wissen?
Lena: Lies doch die Bibel. Alle Menschen sind gleich wichtig für Jesus.
Otto: Hat er dir das gesagt?
Lena: Ja klar!
Otto: Du lügst doch!
Sandra: Hört auf zu streiten. Mir leuchtet das ein. Wenn bei Jesus die Person zählt, dann ist es ja egal, wo ich an seinem Tisch sitze. Da könnte ich ja auch meinen Platz tauschen. Komm, Verkäuferin. Tausch mit mir.

Alle tauschen die Plätze und Otto, der Chefarzt, sitzt am Ende neben Fritz, dem Müllmann.

Otto: Schön neben dir zu sitzen, Fritz. Hier, nimm und iss vom Brot des Lebens.
Fritz: Danke, Otto. Hier, trink vom Kelch des Heils.

Die Kreuzigung

Pilatus befahl seinen Soldaten Jesus zu kreuzigen. Sie führten ihn aus der Stadt an einen Platz, der hieß Golgata, was so viel bedeutet wie »Schädelstätte.« Dort nagelten sie ihn ans Kreuz. Dann würfelten sie um sein Gewand und brachten über seinem Kopf ein Schild an, auf dem der Grund seiner Hinrichtung stand: »Dies ist Jesus, der König der Juden.« Die Leute, die zusahen wie Jesus starb, verspotteten ihn und riefen: »Wenn du Gottes Sohn bist, dann steig doch herab vom Kreuz.« Manche sagten: »Anderen hat er geholfen. Sich selbst kann er nicht helfen.« Auch einer der Verbrecher, die mit Jesus gekreuzigt worden waren, verhöhnte ihn.

Der andere aber fuhr ihn an und sagte: »Wir sind zu Recht verurteilt worden. Dieser aber stirbt unschuldig.« Und zu Jesus sagte er: »Denk an mich in deines Vaters Reich.« Jesus antwortete: »Du wirst noch heute mit mir im Paradies sein.« Um zwölf Uhr wurde es dunkel im ganzen Land. Um drei Uhr schrie Jesus laut: »Eli, Eli, lama asabtani.« Das heißt: »Mein Gott, mein Gott, warum hast du mich verlassen?« Die Leute aber sagten: »Der ruft nach dem Propheten Elia.« Einer holte einen Schwamm, tränkte ihn mit Essig und wollte ihn Jesus zu trinken geben. Die anderen riefen: »Hör auf damit, wir wollen doch sehen, ob Elia wirklich kommt.« Und Jesus schrie noch einmal laut und starb. | Matthäus 27 und Lukas 23

bibeltext

Gott und die Kreuzigung

Was bedeutet es für Gott, wenn sein Sohn Jesus gekreuzigt wird? Das ist eine Frage, die nicht ganz leicht zu beantworten ist. Trifft eine der folgenden Antworten für dich zu?
Es gibt eine Grundregel für deine Wahl. Alles, was du über Gott sagst und denkst, muss mit dem Satz »Gott ist die Liebe« vereinbar sein. Überleg doch mal, welche Antwort am besten zu dieser Grundregel passen könnte.

Gott sagt ...

1. »Es war mein Plan und ich wollte es so«
Gott will die Menschen durch den Tod seines Sohnes erlösen. Gott führt den Tod seines Sohnes herbei und ist selbst davon betroffen. Gottes Sohn stirbt für uns.

2. »Ich hätte es verhindern können, aber ich wollte es nicht verhindern«
Gott schränkt die Freiheit der Menschen nicht ein, obwohl er könnte, auch wenn sich die Freiheit der Menschen gegen ihn wendet.

3. »Ich hätte es nicht verhindern können und ich wollte es nicht verhindern«
Für Gott kommt Gewalt nicht in Frage, auch dann nicht, wenn sie Böses verhindert.

4. »Ich hatte keine Ahnung und war anderweitig beschäftigt«
Gott ist viel zu sehr mit dem ganzen Universum beschäftigt. Er kann sich nicht die ganze Zeit um die Erde kümmern.

5. Findest du noch eine bessere Möglichkeit?

Lena und das leere Grab

Lena ist ungeduldig. Seit gestern wartet sie darauf, dass aus dem Ei ein Küken schlüpft. Auf dem Markt bringt ihr das Küken gutes Geld. Immer wieder hat sie das Ei in die Hand genommen, daran gehorcht. Doch nichts rührt sich. Das Ei liegt wie ein toter Stein in ihrer Hand. »Komm endlich!« Die Mutter nervt.

Lena soll den Frauen helfen die Binden und Salben hinaus zu der Grabeshöhle zu tragen, in der sie gestern Jesus begraben haben. Lena hat keine Lust. Missmutig läuft sie vor den Frauen her.

Schon von weitem fällt ihr auf, dass mit dem Grab etwas nicht stimmt. Grabräuber müssen die Grabeshöhle aufgebrochen haben! Lena schaut hinein. Sie dreht sich um und ruft den Frauen entgegen: »Kommt schnell. Das Grab ist leer!« Die Frauen sind völlig außer sich. »Um Himmels willen! Das Grab ist leer. Was hat das wohl zu bedeuten?« Lena bleibt ganz cool. »Gehen wir zurück und erzählen es den anderen.« Auch die Männer im Dorf sind ratlos. »Jemand hat seinen Leichnam gestohlen«, meint der Bürgermeister. Lena interessiert nur ihr Küken. Sie geht in den Stall, während das halbe Dorf nach dem gestohlenen Leichnam sucht. Aber sie finden ihn nicht.

Als sich alle wieder auf dem Dorfplatz treffen, kommt Lena aus dem Stall. In der einen Hand hält sie das Ei. In der anderen das frisch geschlüpfte Küken. »Ich glaube, ich kann euch erklären, was das alles zu bedeuten hat«, sagt Lena. »Schaut euch mein Ei an.« Sie zeigt den anderen das aufgebrochene Ei. »Bevor wir hinausgingen zu Jesu Grab, lag das Ei wie ein toter Stein in meiner Hand. Jetzt ist es aufgebrochen und leer, weil ein Küken geschlüpft ist. Ich glaube, so ist es auch mit dem aufgebrochenen Grab von Jesus. Es ist leer, weil Jesus aus seiner Grabeshöhle zu neuem Leben auferstanden ist.«

Der auferstandene Jesus zeigt sich seinen Jüngern

Die Jünger hatten aus Angst vor Verfolgung die Türen fest verschlossen. Da trat der auferstandene Jesus in ihre Mitte und sagte: »Friede sei mit euch.« Die Jünger erschraken. Sie meinten, einen Geist vor sich zu haben. »Warum seid ihr so erschrocken. Überzeugt euch selbst.« Und er zeigte ihnen seine Füße, seine Hände und seine Seite. Als sie es immer noch nicht fassen konnten, fragte er sie: »Habt ihr etwas zu essen hier?« Da gaben sie ihm ein Stück gebratenen Fisch. Und er nahm es und aß es vor ihren Augen.
Nur Thomas, einer aus dem Kreis der Jünger, war nicht dabei. Die anderen erzählten es ihm. Thomas erwiderte: »Das glaube ich nicht. Da müsste ich erst die Spuren der Nägel an seinen Händen sehen und meine Hand in seine Seitenwunde legen!«
Eine Woche später waren die Jünger wieder beieinander. Diesmal war Thomas dabei. Wieder kam Jesus durch die verschlossene Tür und sagte: »Friede sei mit euch!« Dann wandte er sich an Thomas: »Sieh dir meine Hände an. Nimm deine Hand und leg sie in meine Wunde. Hör auf zu zweifeln und glaube!« Da antwortete Thomas: »Mein Herr und mein Gott!« Jesus sagte zu ihm: »Du glaubst, weil du mich gesehen hast. Selig sind alle, die nicht sehen und doch glauben.« | Lukas 24, 36–43 und Johannes 20, 24–29

bibeltext

37

Der Beweis

»Lass mich dich berühren, damit es mir wie Schuppen von den Augen fällt.« Das wünscht sich der Jünger Thomas vom auferstandenen Christus. Einen handfesten Beweis also. Niemand kann etwas dafür, wenn er zweifelt. Du nicht, ich nicht und der Jünger Thomas auch nicht. Deshalb gibt Jesus Thomas, was er braucht, um glauben zu können. Er kommt ihm entgegen und sagt: »Komm und berühre mich.« Und Thomas fällt es wie Schuppen von den Augen: »Du bist es, mein Herr und mein Gott.«

Die Sehnsucht des Thomas nach greifbaren Beweisen, die kennst vielleicht auch du. Wäre das nicht cool, wenn du einen handfesten Beweis für die Existenz Gottes hättest? Du bist heute in einer schwierigeren Situation als Thomas damals. Du kannst nicht einfach Jesus bitten, dass er dich seine Wundmale berühren lässt, damit du glauben kannst. Dir begegnet der Auferstandene nicht mehr leibhaftig wie damals den Jüngern. Aber wenn du deine eigenen Wunden berührst, dann begegnet dir Jesus auch heute. Das müssen keine körperlichen Wunden sein. Das kann deine Schüchternheit sein. Oder deine Angst, dich in der Clique zu blamieren. Wenn du dir das anschaust, dann kann es dir auch heute wie Schuppen von den Augen fallen. Dann spürst du, wie Jesus bei dir ist und dir Mut macht.

39

EINMALIG - ICH?

Wie Gott dich sieht

Werde, wer du bist!

Sieh dir einmal deinen Daumen genau an. Diesen Daumen gibt es nur einmal auf der ganzen Welt. Genauso wie dich. Auch du bist eine einmalige Idee Gottes. Er hat dich wunderbar gemacht mit vielen Fähigkeiten und Begabungen. So wie du bist, bist du einmalig. Aber du bist noch nicht fertig. Mit deinen Begabungen hat Gott dir eine Idee mitgegeben, was aus dir werden könnte. Eine Art Masterplan. Er gibt dir nichts Bestimmtes vor, nur eine Richtung. Es ist nicht immer ganz einfach herauszufinden, welches die richtige Richtung ist. Auch, wenn du dich für einen Beruf entscheiden musst. Da kannst du in Sackgassen geraten oder auf Umwege. Aber wenn du in dich hineinhörst, dann spürst du, ob du auf dem richtigen Weg bist. Oder ob du die Richtung ändern musst, damit du wirst, wer du bist. Das ist eine lebenslange Aufgabe. In jedem Alter und an jedem Punkt deines Lebensweges kannst du dich weiterentwickeln, damit die Idee, die Gott in dein Leben gelegt hat, immer deutlicher zum Vorschein kommt.

Ein Geschenk des Himmels

Ein reicher König hatte eine schöne Tochter. Deshalb ließ der König verkünden: »Wer mir ein Hochzeitsgeschenk bringt, das einmalig ist auf der Welt, der soll meine Tochter heiraten und mein Königreich erben.« Viele junge Männer machten sich auf den Weg. Sie brachten wertvolle Geschenke, aber keines war einmalig. So verging die Zeit. Bis eines Tages ein junger Mann erschien. Sein Lachen gefiel der Königstochter. »Den will ich haben«, sagte sie zu ihrem Vater. »Erst das einmalige Geschenk«, brummte der König, »dann kannst du ihn bekommen.« Der junge Mann machte sich auf die Suche. Am Abend war er müde. Die besten Ideen schenkt Gott mir im Schlaf, dachte er, und schlief ein. Als er am Morgen erwachte, eilte er zurück zum König und seiner Tochter. »Wo ist dein Geschenk?«, fragte ihn der König. Da zog der junge Mann eine kleine Schachtel heraus und gab sie dem König. Der öffnete die Schachtel, runzelte die Stirn, begann zu grinsen und brach schließlich in Gelächter aus: »Großartig! Du sollst sie haben. Das ist ein einmaliges Geschenk.« Und was war in der Schachtel? Ein Spiegel! Und in dem Spiegel das Gesicht eines jeden, der in die Schachtel blickt. Jeder Mensch – ein einmaliges Geschenk!

Gottes Ebenbild

Dann sprach Gott: »Ich will nun Menschen machen, ein Abbild von mir, das mir ähnlich ist.« So schuf Gott die Menschen nach seinem Bild, als Gottes Ebenbild, und er schuf sie als Mann und als Frau. Gott segnete sie und sprach zu ihnen: »Seid fruchtbar und vermehrt euch. Füllt die ganze Erde und nehmt sie in Besitz. Ich setze euch über die Fische im Meer, die Vögel am Himmel und alle Tiere auf der Erde. Die Wiesen, Wälder, Bäume und Sträucher und alles, was sie an Frucht bringen, gebe ich euch, damit ihr zu essen habt. Alles vertraue ich eurer Fürsorge an.« Gott sah alles an, was er geschaffen hatte und siehe: Es war alles sehr gut. Da verging der sechste Tag. | 1. Mose 1, 26–31 und 2, 15

bibeltext

geburt

ich wurde nicht gefragt
bei meiner geburt
und die mich gebar
wurde auch nicht gefragt
bei ihrer geburt
niemand wurde gefragt
außer dem Einen

und der sagte
ja

Kurt Marti

Was ist denn das Besondere an mir?

»Eva – was ist eigentlich das Besondere an mir?«
Adam sitzt missmutig unter einer Palme und stochert
mit einem Grashalm in seinen Zehen. »Die Gazelle
kann schneller laufen, der Tiger besser brüllen, der
Affe besser klettern und das Krokodil besser küssen.«
Eva denkt lange nach. »Wenn ich wenigstens fliegen
könnte«, brummt Adam. »Hör jetzt auf Adam«, sagt
Eva. »Erzähl mir lieber eine Geschichte.« Und Adam
erzählt von einem lila Warzenschwein, das auf einer
Wolke sitzt und in ein Hausschwein verliebt ist. Und
die beiden können einfach nicht zueinander kommen. Eva muss kichern. Die Tiere, die vorbeigehen,
wundern sich. »Menschen«, sagt die Giraffe verächt-
lich. »Sie denken sich Geschichten aus, die es nicht
gibt, und reden über abwesende Dinge, als stünden
sie ihnen vor Augen.« – »Das ist es«, ruft Eva. »Was?«,
fragt Adam. »Na, das Besondere an dir«, erwidert Eva.
»Es ist die Fantasie! Sie hat Gott nur uns Menschen
gegeben.«

Taufe – nie mehr allein

Wenn du getauft wirst, dann ist es, als ob Gott dir einen Spiegel vorhält und sagt: »Sieh dich an! Du bist von mir wunderbar gemacht. Ein einmaliges Geschenk für alle Menschen, denen du begegnest.« Und dann verspricht dir Gott bei der Taufe, dass du nie allein sein wirst und er immer zu dir steht. Ein ganzes Leben lang. Mit diesem Versprechen kannst du ganz entspannt die Aufgaben angehen, die vor dir liegen. Es spricht also einiges für die Taufe. Und was spricht dagegen?

Taufe pro

Das Kind steht in Gottes Namensliste. | Marina

Das Kind weiß jetzt, dass Gott bei ihm ist. | Ina

Das Kind fühlt sich durch die Taufe bei Gott geborgen. | Tobias

Das Kind wird gesegnet. | Larissa

Die Eltern haben ein gutes Gefühl, wenn ihr Kind getauft ist. | Michael

Taufe macht deutlich, dass jedes Kind etwas Besonderes ist, ein Geschenk Gottes. | Daniel

Taufe ist eine Zusage Gottes, die niemand mehr rückgängig machen kann. | Julian

Taufe bedeutet Aufnahme in die Gemeinde. | Sandra

Ich kann mir auch nicht aussuchen, in welche Familie ich hineingeboren werde. Freiheit ist, was ich aus der Religion meiner Eltern mache. | Nell

Getauft sein ist einfach ein besseres Gefühl. | Marcel

Ich gehöre durch die Taufe dazu. | Sabrina

Ich darf Taufpate werden. | Johannes

Taufe contra

Das Kind steht auch dann in Gottes Namensliste, wenn es nicht getauft ist! | Yannick

Gott ist auch bei den ungetauften Kindern. | Christian

Die Geborgenheit bei Gott in der Taufe nützt doch nichts, wenn das Kind keine Geborgenheit von den Eltern erfährt. | Franziska

Vom Segen bei der Taufe spürt ein Kind überhaupt nichts. | Ina

Mir hat niemand erzählt, dass ich getauft bin. | Sabrina

Dass ich einmalig bin, ein Geschenk Gottes – davon habe ich herzlich wenig gemerkt. | Marcel

Das ist ja der Ärger, dass ich meine Taufe, über die meine Eltern entschieden haben, nicht mehr rückgängig machen kann! | Daniel

Durch die Taufe werde ich in die Kirche aufgenommen. In die der Eltern. Aber keiner hat mich gefragt, ob das auch die richtige Religion für mich ist. | Markus

Es ist doch reiner Zufall, ob ich als Buddhist oder Christ geboren werde. | Nell

Ein irgendwie besseres Gefühl habe ich durch meine Taufe nie gehabt. | Jasmin

Man muss sich heute nicht mehr taufen lassen, um dazuzugehören. In meiner Klasse sind viele nicht getauft. | Johannes

Nur wer getauft ist, kann auch Taufpate werden – ja, will ich das? | Marcel

Jesus lässt sich taufen

Eines Tages ging Jesus hinunter zum Jordan. Am Ufer des Flusses taufte Johannes, der Täufer, alle Menschen, die ein neues Leben beginnen wollten. Johannes sah, wie Jesus auf ihn zukam. Er wusste sofort, wer dieser Mann war. Da sagte Jesus zu Johannes »Ich möchte, dass du mich hier und vor allen Leuten taufst.« Johannes zögerte. Er sollte diesen Mann taufen? Eigentlich müsste doch Jesus ihn taufen und nicht umgekehrt. »Warum willst du dich von mir taufen lassen?«, fragte er Jesus. »Du bist doch viel mächtiger als ich.« Aber Jesus sagte: »Es ist Gottes Wille. Tu es! Taufe mich.« Da gab Johannes nach. Er tauchte Jesus im Wasser des Jordans unter. Als Jesus aus dem Wasser auftauchte, da öffnete sich der Himmel über ihm und der Geist Gottes schwebte auf ihn herab wie eine Taube. Jesus blickte nach oben. Da hörte er eine Stimme, die sprach vom Himmel herab: »Du bist mein Sohn, den ich liebe. Du machst mir große Freude.« | Matthäus 3, 13–17

bibeltext

Was ist dir wichtig?

wichtig	weniger wichtig	unwichtig	
☐	☐	☐	Computerspiele
☐	☐	☐	Sport
☐	☐	☐	Musik
☐	☐	☐	Popstars
☐	☐	☐	Mode
☐	☐	☐	Gutes Aussehen
☐	☐	☐	Liebe
☐	☐	☐	Fernsehen
☐	☐	☐	Familie
☐	☐	☐	Geld
☐	☐	☐	Gesundheit
☐	☐	☐	Glück
☐	☐	☐	Erfolg
☐	☐	☐	Schule
☐	☐	☐	Gott
☐	☐	☐	Religion
☐	☐	☐	Kirche
☐	☐	☐	Clique
☐	☐	☐	Selbstbeherrschung
☐	☐	☐	Regeln
☐	☐	☐	Politik
☐	☐	☐	Beruf

Deine Meinung zählt!

Was willst du auf keinen Fall erleben und wovon träumst du?

WARUM MUSST DU MICH IMMER NERVEN?

Geschwistergeschichten

Da ist der Zoff vorprogrammiert

Keiner hat dich gefragt, ob du als Junge oder Mädchen geboren werden wolltest. Ob du lieber viele oder überhaupt keine Geschwister hättest, ob du gern der Älteste gewesen wärst oder der Jüngste, ob ein Einzel- oder ein Sandwichkind zwischen zwei anderen Geschwistern. Keiner hat dich gefragt und trotzdem macht es einen riesigen Unterschied. Der Älteste zu sein ist etwas völlig anderes als der Jüngste, mit vielen Geschwistern aufzuwachsen etwas völlig anderes, als ein Einzelkind zu sein. Wenn du der Älteste bist, dann nerven dich die jüngeren Geschwister, während deine Eltern bei dir mit ihrer Erziehung noch ziemlich unsicher sind. Und wenn du der Jüngste bist, dann stehen die Älteren dir dauernd im Weg. Als Einzelkind hast du keinen Stress mit Geschwistern, aber auch keinen Spaß. Und wenn die Eltern Stress machen, dann trifft es nur dich. Ja, die Eltern. Auch die konntest du dir nicht aussuchen. Sie tun ihr Bestes, dich und deine Geschwister gleich zu behandeln. Aber Väter und Mütter haben immer ihre Lieblinge. Du merkst es genau, auch wenn die Eltern alles tun, damit du nichts merkst. Streit unter Geschwistern ist also beinahe vorprogrammiert. Aber es liegt nicht nur an den Eltern. Geschwister nerven immer. Sie sind sauer oder beleidigt. Sie benutzen deine Sachen, ohne dich zu fragen, und petzen, wenn du nicht in der Nachhilfe warst. Sie sind oft zum an die Wand klatschen. Aber ohne Geschwister wäre es nicht so lustig. Du kannst viel Spaß mit ihnen haben. Sie können witzig sein. Sie können dir helfen und du kannst viel von ihnen abgucken.

Geschwister in der Bibel

In der Bibel kommen viele Geschwister vor. Sie lieben und sie streiten sich. Sie machen sich das Leben schwer und sie kommen nicht voneinander los. Genauso wie im wirklichen Leben. So geht der erste Mord in der Bibel auf das Konto eines Bruders, er wird von Kain an seinem Bruder Abel verübt. Bei einer groß angelegten Betrugsgeschichte bringt Jakob seinen Bruder Esau um den Segen des Vaters, aber nach langen Jahren des Streits versöhnen sie sich wieder. Die Schwestern Marta und Maria kriegen sich in die Haare, weil die eine ununterbrochen im Haushalt schuftet, während sich die andere Zeit nimmt, Jesus zuzuhören. Das schönste Bild für die Liebe Gottes, die nicht locker lässt zerstrittene Geschwister wieder zu versöhnen, verdanken wir wieder zwei Brüdern. Es sind die beiden Söhne im Gleichnis vom verlorenen Sohn, das uns Jesus erzählt hat.
In diesen Geschichten spielt allerdings immer noch ein Dritter mit, nämlich Gott, und der verändert das Geschwisterspiel.

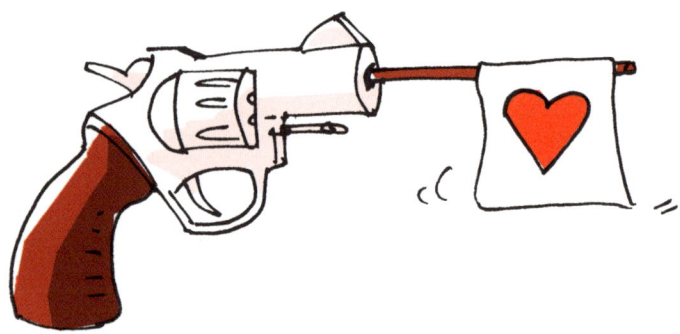

Kain und Abel

Adam und Eva hatten zwei Söhne. Der ältere hieß Kain, der jüngere hieß Abel. Kain wurde ein Bauer und Abel ein Hirte. Eines Tages nahm Kain einen Teil seiner Ernte und brachte ihn Gott zum Opfer dar. Auch sein Bruder Abel opferte Gott. Er schlachtete dafür das Beste der neugeborenen Lämmer aus seiner Herde. Gott blickte freundlich auf Abels Opfer, aber Kain und sein Opfer blickte er nicht an. Da wurde Kain zornig und senkte finster seinen Blick. Gott sprach zu Kain: »Warum bist du so zornig? Warum starrst du auf den Boden? Wenn du Gutes im Sinn hast, kannst du deinen Kopf heben. Wenn du Böses im Sinn hast, sei vorsichtig. Es ist nur ein kleiner Schritt vom bösen Gedanken zur bösen Tat.« Aber Kain hörte nicht auf Gott. Er sagte zu seinem Bruder: »Komm und sieh dir meine Felder an!« Und als sie draußen auf dem Feld waren, fiel er über seinen Bruder her und erschlug ihn. Gott fragte Kain: »Wo ist dein Bruder Abel?« – »Was weiß ich?«, erwiderte Kain. »Ich kann nicht ständig auf ihn aufpassen.« – »Was hast du getan?«, sagte Gott. »Das Blut deines Bruders klagt dich an. Du hast dein Feld mit seinem Blut getränkt und deshalb musst du dein fruchtbares Land verlassen und als heimatloser Flüchtling auf der Erde umherirren.« – »Das überlebe ich nicht!«, rief Kain entsetzt. »Du verjagst mich von meinem Land und aus deiner Nähe. Ich bin ohne Schutz. Jeder kann mich töten.« Da machte Gott ein Zeichen auf Kains Stirn, damit jeder wusste: Kain steht unter Gottes Schutz. »Geh mir jetzt aus den Augen«, sagte Gott. Und Kain ging und lebte im Lande Nod, östlich von Eden. | 1. Mose 4, 1–16

bibeltext

Kain und Abel im Himmel

von Jens, Sarah und Steffen

SAG MAL GOTT, WIE KOMMST DU DENN DAZU, DEN KAIN JETZT NACH SEINEM TOD IN DEN HIMMEL ZU LASSEN?

ICH HABE IHN DOCH AUCH IM LEBEN BESCHÜTZT UND BEGLEITET.

ABER DER HAT MICH DOCH UMGE-BRACHT. DU WOLLTEST IHN ZUR STRAFE TÖTEN. WARUM HAST DU IHN ÜBERHAUPT AM LEBEN GELASSEN?

WEIL ICH DAS LEBEN WILL, MEIN LIEBER ABEL, AUCH DAS LEBEN DER ÜBELTÄTER UND NICHT IHREN TOD.

WO BLEIBT DA DIE GERECHTIG-KEIT?

ICH HAB NICHT GESAGT, DASS ES IN ORDNUNG WAR, WAS KAIN GETAN HAT. ER WURDE DAFÜR AUCH BESTRAFT. ABER JEDER MENSCH HAT EINE UNZERSTÖRBARE WÜRDE. AUCH DER MÖRDER KAIN IST UND BLEIBT MEIN GESCHÖPF UND EBEN-BILD.

ICH KANN DIR SAGEN, ABEL, MEIN LEBEN WAR HART! ALLE HABEN MICH GEJAGT UND VER-FOLGT. ICH HAB FÜR MEINE TAT GEBÜSST UND BEREUE ZU-TIEFST, WAS ICH GETAN HABE.

DAS SAGST DU NUR, DAMIT DU HIER BLEIBEN DARFST.

ER ENTSCHULDIGT SICH. ER BEREUT, WAS ER GETAN HAT – UND DU MISSTRAUST IHM TROTZDEM?

ER HAT MICH UM MEIN LEBEN BETROGEN. DAS KANN NIEMAND WIEDER GUTMACHEN.

DOCH! GENAU DAS TUE ICH HIER IM HIMMEL.

Der Vater und die beiden Söhne

Frei nach Lukas 15 | von Bianca, Felix und Markus

Vater: Bin ich froh, dass du wieder da bist – wie war's denn?

Jüngerer Sohn: Am Anfang war's gut, da ging's mir prima und ich hatte ein tolles Leben. Aber dann war's schrecklich – ich war sogar obdachlos und hab unter Brücken geschlafen.

Älterer Sohn: Da sieht man mal: »Jeder wie er's verdient!«

Vater: Jetzt bist du ja wieder da – jetzt müssen wir ein Fest feiern!

Jüngerer Sohn: Ach – das muss doch nicht sein.

Älterer Sohn: Was, jetzt willst du auch noch ein Fest machen, für so einen Penner? Das kann doch wirklich nicht dein Ernst sein!

Vater: Ich freu mich doch so, dass er wieder da ist!

Älterer Sohn: Na, dann schau doch mal mich an. Ich war erfolgreich. Ich hab dein Kapital verdoppelt. Ich war immer da und bin anständig geblieben. Und wo bleibt die Party für mich?

Vater: Ich freu mich ja auch über dich. Du bist eben klüger! Aber dein Bruder hat jetzt eine Erfahrung gemacht und er hat daraus gelernt. Er ist jetzt auch anständig geworden.

Älterer Sohn: Von wegen! Der hat doch gar nichts gelernt! Ich bin mir sicher, der kriegt gar nichts mehr hin, dem gibt doch keiner mehr einen müden Euro.

Jüngerer Sohn: Stimmt, ich bekomme sicher keine zweite Chance – nicht mal von Gott! Und mein Bruder will einfach nur Rache.

Vater: Ich werde dir helfen.

Älterer Sohn: Mensch, merkst du eigentlich nicht, wie der sich einschleimt!

Vater: Das glaub ich nicht. Das ist mein Sohn – das müsste ich wissen!

Typisch!

Es ist wie beim gemeinsamen Abspülen nach dem Mittagessen. Der Jüngste lenkt die Eltern mit seinem Charme ab und bis sie merken, was gespielt wird, haben die anderen Geschwister die Küche aufgeräumt. Ich kann den Ärger des Ältesten gut verstehen. Er hat sich die ganze Zeit ordentlich verhalten, hat seine Hausaufgaben gemacht, den Müll entsorgt, im Garten geholfen und alles getan, was man von ihm erwartet hat. Und was hat er nun davon? Spaß hat der andere gehabt. Alles dreht sich um den Jüngeren, auch wenn er nur Ärger verursacht. Und dann diese halbherzige Entschuldigung! Das ist doch nur ein Trick. Wie beim Abspülen. Der Vater verzeiht ihm und dann geht es wieder von vorne los.

Aber der Vater sieht es eben anders. Und er wirbt bei dem zornigen Ältesten um Verständnis: »Du hast hier doch alles. Du bist immer bei mir. Das wird dir auch nicht genommen. Aber freue dich doch an deinem Bruder. Er ist wieder da.« Auch der Vater kann dem Ältesten nicht garantieren, dass der Jüngere sich wirklich geändert hat. Vermutlich wird es immer wieder passieren, dass der Jüngere loszieht und seinen Spaß hat und der Ältere daheim die Arbeit tut. Mit diesem Problem müssen beide fertig werden. Sie sind sehr unterschiedlich und sie sind doch Brüder. Sie haben ein Problem miteinander und gehören doch zusammen. Wie die beiden Seiten einer Medaille.

Die Geschichte vom Vater und den beiden ungleichen Söhnen wird von Jesus erzählt. Der Vater in dieser Geschichte ist ein Gleichnis für Gott. So kann man sich Gott vorstellen. Er wirbt um jeden einzelnen Menschen. Jeder hat einen Platz an seinem Tisch, egal, was er in seinem Leben getan hat. Jeder hat ein unkündbares Zimmer in seinem Haus. Wie der Sohn auf komplizierten Umwegen wieder zu seinem Vater findet, so kann jeder seinen eigenen Weg zu Gott gehen, egal ob sein Weg immer geradeaus geht oder in verschlungenen Umwegen. Jeder, der möchte, kommt bei Gott an, und jeder wird bei ihm willkommen sein, welcher Weg auch immer ihn zu ihm führt.

Aber Jesus erzählt nicht, wie es mit den beiden Brüdern weitergeht. Meine Version sieht so aus: Eines Abends nimmt der Jüngere den Älteren an der Hand und sie gehen gemeinsam auf eine Party und zum ersten Mal in seinem Leben tanzt der ältere Bruder die ganze Nacht durch. Am nächsten Tag nimmt der Ältere den Jüngeren an der Hand und zeigt ihm, wie ein gut organisiertes Unternehmen funktioniert. Zum ersten Mal entdeckt der Jüngere, wie gut ihm Verantwortung und klare Ziele tun. Und beide entdecken, dass das, was sie am eigenen Bruder nervt, ein Teil von ihnen selbst war.

EINMAL SO KLUG WIE GOTT?

Von der Sehnsucht, alles zu wissen

Ein schwieriger Job

Was würdest du tun, wenn du eine Woche lang wie Gott sein könntest? Im Film »Bruce Allmächtig« bekommt Jim Carrey als Bruce von Gott dieses Angebot. An einem Tag, an dem alles für ihn schief läuft, beklagt er sich bitter bei Gott. »Der Einzige, der seinen Job nicht ordentlich erledigt, bist du!« Und Gott geht darauf ein. »Wenn du glaubst, du kannst es besser: Hier ist deine Chance.« Eine Woche lang ist Bruce so klug und mächtig wie Gott. Das Ergebnis ist eine Katastrophe. Am Ende ist Bruce froh, dass er seine Macht und Klugheit wieder an Gott zurückgeben kann.

Aufs Ganze gesehen erledigt Gott seinen Job offenbar doch nicht so schlecht. Jedenfalls besser als Jim Carrey. Überließe man ihm die Welt, sie wäre längst im Chaos versunken.

Was ich Gott schon immer mal sagen wollte ...

von: Friends on Earth <friends@earth.de>
Betreff: Hunger, Unfall, Französischnote
Datum: 24. Dezember 2004 14:10:19 MESZ
an: Gott <god@heaven.all>

Lieber Gott,
ich finde, du könntest mehr tun gegen den Hunger und den Krieg in dieser Welt. Du bist doch allmächtig! | **Dein Erwin**

Also Gott,
du weißt doch alles. Warum hast du nicht meinen Fahrradunfall verhindert? Ein kleiner Wink von dir und ich wäre nicht in die Straße eingebogen, aus der mir das Auto entgegenkam. | **Deine Lena**

Hallo Gott,
ich habe keine Ahnung, Gott, warum du nicht tust, was ich von dir erwarte. Manchmal, wenn ich bete, dass meine Französischnote besser wird, hilfst du mir. Aber manchmal hörst du einfach nicht zu. | **Deine Janina**

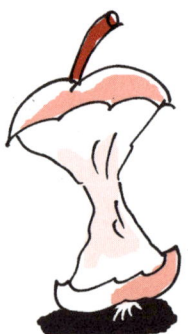

von: Gott <god@heaven.all>
Betreff: Re: Hunger, Unfall, Französischnote
Datum: 24. Dezember 2004 14:10:20 MESZ
an: Friends on Earth <friends@earth.de>

Lieber Erwin,
ich tue, was ich kann, gegen Hunger und Krieg. Was meinst du, was auf der Erde los wäre, wenn ich nicht immer wieder eingreifen würde. Aber gegen die gewaltige Dummheit und die übergroße Gier der Menschen bin selbst ich oft machtlos. | Herzlich, Gott

Liebe Lena,
der Unfall tut mir wirklich Leid. Aber manche unangenehmen und schmerzhaften Dinge gehören einfach zum Leben dazu. Ich kann dir nicht alles ersparen, ja nicht einmal, dass du am Ende sterben wirst. Ich werde eines Tages alles ordentlich und ausführlich mit dir klären. Und ich bin sicher, dann wirst du mich verstehen. | Alles Liebe, Gott

Liebe Janina,
bei deiner Französischnote finde ich, dass ich dir alles gegeben habe, was du für eine gute Note brauchst: einen guten und klaren Verstand, ein feines Sprachgefühl, einen Hintern, auf den du dich setzen kannst, Zeit, um dich zu erholen, wenn es zu stressig wird. Und dann gibt es ja noch Friedrich. Der wartet nur darauf, dir Nachhilfe geben zu können. Nur Mut, er freut sich, wenn du ihn fragst. Ich finde, du könntest jetzt anfangen zu arbeiten. | In Freundschaft, Gott

Adam und Eva

Die ersten Menschen hießen Adam und Eva. Sie lebten im Paradiesgarten. In der Mitte des Gartens standen zwei Bäume. Der eine war der Baum des Lebens. Der andere war der Baum der Erkenntnis. Wer von seinen Früchten aß, der wusste, was gut ist und was böse. Gott sprach zu Adam und Eva: »Ihr dürft von allen Bäumen des Gartens essen, nur nicht vom Baum der Erkenntnis. Sonst müsst ihr sterben.« Im Paradiesgarten lebte auch die Schlange. Sie war das klügste von allen Tieren. Sie fragte Eva: »Hat Gott wirklich gesagt, ihr dürft die Früchte des Gartens nicht essen?« – »Aber nein«, sagte Eva. »Gott hat gesagt: Ihr dürft von allen Früchten essen, nur nicht vom Baum in der Mitte des Gartens. Sonst müsst ihr sterben.« – »Glaubt das nicht«, sagte die Schlange. »Ihr werdet nicht sterben. Gott hat euch diese Früchte nur verboten, weil er nicht will, dass ihr werdet wie er und wisst, was gut ist und was böse.« Eva fand es verlockend, so klug zu sein wie Gott. Sie streckte die Hand aus, griff nach der Frucht und biss hinein. Dann gab sie Adam davon zu essen. Da sahen sie, dass sie nackt waren, und sie schämten sich. Am Abend hörten Adam und Eva, wie Gott durch den Garten ging. Schnell versteckten sie sich. Gott rief nach Adam: »Wo bist du?« – »Ich bin hier«, antwortete Adam. »Ich hörte dich kommen und ich fürchtete mich, denn ich bin nackt. Also habe ich mich versteckt.« – »Wer hat dir gesagt, dass du nackt bist?«, fragte Gott. »Hast du von den Früchten gegessen, die ich dir verboten habe?« Adam antwortete: »Die Frau, die du mir zur Seite gestellt hast, gab mir die Frucht.« Gott wandte sich an Eva: »Warum hast

du das getan?« Eva sagte: »Die Schlange ist an allem schuld. Sie hat mich dazu verführt.« Da sprach Gott zu der Schlange: »Weil du das getan hast, sollst du verflucht sein. Auf dem Bauch wirst du kriechen und Staub fressen dein Leben lang.« Zu Eva aber sagte Gott: »Du wirst deine Kinder unter Schmerzen zur Welt bringen.« Und zu Adam: »Du sollst im Schweiße deines Angesichts dein Brot essen.« Dann sagte Gott: »Nun ist der Mensch wie Gott und weiß, was gut ist und was böse. Es darf nicht sein, dass er auch noch vom Baum des Lebens isst.« Gott vertrieb Adam und Eva aus dem Paradies. | 1. Mose 1

Wenn ich so klug wie Gott wäre, dann ...

würde ich allen Menschen helfen | Julian

wäre ich liebevoll | Nell

hätte ich viele Sorgen | Yannick

wäre ich verantwortungsbewusst | Ina

würde ich mich aufopfern für andere | Sabrina

hätte ich den Überblick – ich wohne ja im Himmel | Katja

wäre ich der Größte | Markus

wäre ich super intelligent | Michael

würde ich den Menschen geben, was sie wollen | Marcel

würde ich den Menschen alles erlauben | Daniel

wäre ich gerecht | Marina

würde ich dafür sorgen, dass alle gleich reich sind | Moritz

würde ich auf der ganzen Welt Frieden schaffen | Frieder

könnte ich vergeben | Malu

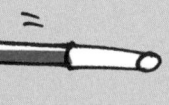

könnte ich über alles bestimmen | Michael

würde ich den armen Menschen helfen | Sandra

würde ich alles sehen | Mona

würde ich alles wissen | Holger

könnte ich nie schlafen | Benjamin

könnte ich Gedanken lesen | Nathalie

könnte ich schneller fliegen als der Schall | Tobias

würde ich alle Weltsprachen sprechen | Alexander

hätte ich ein Gedächtnis
wie eine Festplatte | Fabian

ließe ich den Menschen Freiraum, selbst zu
entscheiden | Lena

wäre ich für alle Fragen offen | Mathias

hätte ich viel Sinn für Humor | Eva

O ton

ALTER MANN MIT RAUSCHEBART?

Gottesbilder

Ein Gott – viele Bilder

Früher, als du ein Kind warst, hast du dir Gott vielleicht wie einen gütigen alten Mann vorgestellt, mit weißem Haar, sehr weise, der auf einer Wolke sitzt, alles überblickt und dich beschützt. Heute weißt du natürlich, dass das nur eine Vorstellung war. Vorstellungen sind Hilfskonstruktionen, um etwas über Gott zu erfahren, aber nicht Gott selbst. Doch ganz ohne solche Vorstellungen könnten wir gar nichts über Gott sagen. In der Bibel finden sich ganz verschiedene Vorstellungen von Gott. Gott ist wie ein Hirte oder wie die Sonne oder wie ein eifersüchtiger Liebhaber. Alle Vorstellungen zeigen eine bestimmte Eigenschaft von Gott, aber keine Vorstellung erfasst Gott ganz. Welche für dich passt, das hängt auch von deinem Alter, deiner Lebenserfahrung und den Fragen ab, die du an Gott hast. Es gibt sehr ungewöhnliche Vorstellungen von Gott. Manche denken, dass er wie ein Kraftfeld ist oder unsichtbar und allgegenwärtig wie die Luft. Man kann ganz einfach überprüfen, ob solche Vorstellungen wirklich von Gott handeln. Jede Vorstellung, die von Gott handelt, lässt sich mit der Person, den Worten und Taten von Jesus Christus in Verbindung bringen. Denn Jesus Christus sagt: Wer mich sieht, der sieht Gott, den Vater. (Johannes 14, 9)

Alter Mann mit Rauschebart?

Verbündeter

M Darum hoffen auf dich, die deinen Namen kennen; denn du verlässest nicht, die dich, Herr, suchen. | Psalm 9, 11 nach Luther

k Wenn ich im Stich gelassen werde, weiß ich, dass Gott noch da ist und mir beisteht. Vor ihn kann ich meine Sorgen bringen und fühle, dass er mir zuhört. Er begleitet mich auf den Wegen, die ich gehe, und gibt mir Sicherheit. | Anni

Schutzengel

M Von allen Seiten umgibst du mich und hältst deine Hand über mir. | Psalm 139, 5 nach Luther

k Gott ist bei mir wie ein Freund. Bei allem, was ich mache oder wohin ich gehe. Er beschützt mich. Mit seiner Hilfe kann ich vieles schaffen. | Benny

Wer ist Gott für mich?

Ich sehe Gott als unseren Schöpfer. Er hat Tiere und Pflanzen, Erde und Himmel geschaffen. Er hilft mir bei Entscheidungen. Und er hilft mir, dass ich mich in Ordnung finde. | Marcel

Für mich bedeutet Gott Geborgenheit. Er ist da, wenn ich ihn brauche. Ich kann den ganzen Tag mit ihm reden, wann immer ich das Verlangen habe, mit jemandem zu sprechen. | Julia

Gott ist großzügig. Er gibt den Menschen Halt und vergibt ihnen. Er ist der Lichtblick, wenn ich Hilfe brauche. Er gab uns die Zehn Gebote, damit wir glücklich leben können. | René

Für Gott sind alle Menschen wichtig. Oft denken wir nicht an ihn, aber er ist trotzdem für uns da. Darin unterscheiden wir uns von Gott. Wenn meine Freundin mich nicht mehr anrufen würde, dann wäre sie nicht mehr meine Freundin. Aber Gott ist immer für mich da, egal ob ich ihn fünfmal täglich oder einmal wöchentlich im Gebet anrufe. | Jessica

Ich finde, dass Jesus uns in seinem Leben zeigt, wie Gott ist. | Lena

Was denkst du über Gott? Glaubst du an ihn? Wenn du an ihn glaubst, dann ist dir schon ein Wunder passiert. | Janina

Viele Menschen meinen, Gott ist schon lange tot, aber das Leben Gottes hört nie auf. Er ist für uns da, in guten und in schlechten Zeiten. Er hilft uns, wenn wir in einem dunklen, tiefen Loch sind. Er ist wie ein Wegweiser durchs Leben. Der, der an Gott glaubt, ist fröhlich und steht zu seiner Meinung. | Lisa

O t o n

6 Lebenseinstellungen – 6 Gottesbilder

Es gibt verschiedene Einstellungen zum Leben, zurückhaltend oder draufgängerisch, nachdenklich oder spontan, originell oder ordentlich. Einstellungen ändern sich im Laufe eines Lebens. Jetzt bist möglicherweise eher vorsichtig, aber wenn du älter bist, wirst du vielleicht ein ganz radikaler Typ. Lebenseinstellungen hängen auch von Situationen ab. Im Sport bist du vielleicht sehr mutig, bei der Liebe aber eher schüchtern. Deine Einstellung zum Leben ist ein Hinweis auf deine Einstellung zu Gott. Gott kann etwas ausgleichen, was dir fehlt. Er ist eine Kraftquelle, wenn du dich schwach fühlst. Und Gott kann verstärken, was du schon gut kannst. Er hilft dir nicht nur über kleine Hindernisse, sondern über Mauern zu springen. Gott kann aber auch deine Einstellung zum Leben ändern. Erfolg im Leben ist wichtig, aber es ist nicht alles. Du musst nicht alles können, wenn Gott zu dir steht, und du versäumst auch nicht viel, wenn du nicht alles mitmachst, was gerade als cool gilt.

Welches Lebensmotto trifft auf dich zu?

Sarah tanzt gern. Sie ist Mitglied in der Jazzdance Formation des Sportvereins. Einmal im Jahr hat sie ihren großen Auftritt. Da tanzt sie vor großem Publikum eine Solonummer. Früher war Sarah gehemmt und schüchtern. Aber eines Tages hat sie gemerkt, wo es bei ihr hakt. Seitdem geht bei ihr die Post ab.
Sarahs Motto: Mit meinem Gott kann ich über Mauern springen. | Psalm 18, 30 frei nach Luther

☐ voll ☐ weniger ☐ überhaupt nicht

Karl-Heinz ist ein nachdenklicher Typ. Er redet nicht viel, aber wenn er etwas sagt, hat es Hand und Fuß. Karl-Heinz ist fasziniert von der Vorstellung, dass es so etwas wie eine Weltformel geben kann, die erklärt, wie die Welt funktioniert.
Karl-Heinz lebt nach dem Motto: In Christus liegen verborgen alle Schätze der Weisheit und der Erkenntnis. | Kolosser 2, 3 frei nach Luther

☐ voll ☐ weniger ☐ überhaupt nicht

Jessica trägt einen lila Irokesenschnitt und Ringe durch Nase, Augenbrauen, Bauchnabel und Zunge. Am Hals, den Oberarmen und am Rücken ist sie tätowiert. Jessica möchte so schnell wie möglich von daheim ausziehen und mit ihren beiden Hunden in einer Wagenburg leben.
Ihr Lebensmotto: Wo aber der Geist des Herrn ist, da ist Freiheit. | 2. Korinther 3, 17 nach Luther

☐ voll ☐ weniger ☐ überhaupt nicht

Dominik ist mehrfach körperlich behindert. Er hat einen wachen Verstand, aber er kann nicht allein stehen, seine Hände und Beine nicht richtig koordinieren und nur einzelne Worte sprechen. Mit einem Finger schreibt er ganz langsam mit einem kleinen Computer kurze, wunderschöne Gedichte.

Zu Dominik passt das Motto: Der Geist Gottes hilft unsrer Schwachheit auf. | Römer 8, 26 frei nach Luther

☐ voll ☐ weniger ☐ überhaupt nicht

Lena ist gut organisiert. In der Schule läuft es für sie prima. Sie hat immer ihre Hausaufgaben. Sie ist pünktlich. Lena kann auch witzig sein. Sie ist ein guter Kumpel, aber sie mag es, wenn alles seine Ordnung hat.

Lena lebt nach dem Motto: Dies sind die Gesetze und Gebote und Rechte, die der Herr, euer Gott, geboten hat, dass ihr sie lernen und tun sollt in dem Lande, in das ihr zieht, es einzunehmen, damit du dein Leben lang den Herrn, deinen Gott, fürchtest und alle seine Rechte und Gebote hältst, die ich dir gebiete, du und deine Kinder und deine Kindeskinder, auf dass du lange lebest. | 5. Mose 6, 1–2 nach Luther

☐ voll ☐ weniger ☐ überhaupt nicht

Marcel macht immer etwas los. Er hat unglaublich viele Ideen. In der Fußballmannschaft gehört er zur Kreativabteilung. Oft nervt er seine Mitspieler mit seinen Extratouren. In der Schule bekommt Marcel regelmäßig Ärger mit den Lehrern, weil er nichts so sehr hasst wie Langeweile.

Marcels Motto: Den Geist dämpft nicht. | 1. Thessalonicher 5, 19 nach Luther

☐ voll ☐ weniger ☐ überhaupt nicht

Wer bist du, Gott?

Warum hast du die Welt erschaffen? | Michael

Warum bist du Gott und nicht ich? | Jens

Ich wollte dir sagen, dass viele Menschen nicht an dich glauben. | Nina

Gibt es den Teufel wirklich? | Sarah

Danke, dass du mich beschützt. | Britta

Wie siehst du eigentlich aus? Bist du ein Mann oder eine Frau? | Daniel

Du bist jedenfalls cool, Gott! | Marcel

Bist du überall? | Eva

Schau bitte nicht immer auf mich, wenn ich etwas mache. | Carmen

Warum sind manche arm und andere reich? | Andreas

Warum werden manche krank und andere nicht? | Yannick

Warum lässt du die Menschen sterben? | Saskia

Du hast alles erschaffen, warum auch die Hautkrankheiten? | Malu

Du liebst uns, auch wenn wir Kriege führen. | Jan

Gut, dass es dich gibt. | Theresa

O-Ton

73

WER BRAUCHT SCHON REGELN?

Die Zehn Gebote

Ohne Regeln läuft nichts

Wenn deine Schwester deine Sachen nimmt, ohne dich zu fragen, wirst du zu Recht sauer. Denn sie hält sich nicht an die Regel: zuerst fragen, dann die Sachen von jemand anderem nehmen. Regeln sind wichtig. Ohne Regeln würden die Großen und Starken die Kleinen und Schwachen über den Tisch ziehen. Regeln gibt es am Arbeitsplatz, im Straßenverkehr, auf dem Fußballplatz, in der Familie, in der Clique, in der Schule. Ohne Regeln würden wir uns noch mehr streiten, als wir es ohnehin schon tun.

Auch in der Bibel stehen viele Regeln. Die wichtigsten sind die Zehn Gebote. Die ersten vier Gebote regeln das Zusammenleben der Menschen mit Gott. Die anderen sechs Gebote regeln das Zusammenleben unter den Menschen.

Jesus hat die Zehn Gebote nicht abgeschafft. Aber er hat klar gemacht, dass die Regeln den Menschen dienen sollen, nicht die Menschen den Regeln. Die wichtigste Regel ist deshalb: Du sollst Gott und die Menschen lieben wie dich selbst. Diese Grundregel ist so etwas wie die Gebrauchsanweisung für alle anderen Regeln. Wenn zum Beispiel am Sonntag ein Mensch in einen Brunnen fällt und das vierte Gebot sagt, du sollst am Sonntag nicht arbeiten, dann müsstest du nach dieser Regel den Menschen im Brunnen liegen lassen. Jesus sagt dagegen: Über allem steht die Liebe. Und deshalb ist es richtig, den armen Menschen aus dem Brunnen zu ziehen, auch wenn du dabei eines der Zehn Gebote verletzt.

Jesus sagt: »Liebe Gott von ganzem Herzen, mit ganzem Willen und mit deinem ganzen Verstand! Das ist das größte und wichtigste Gebot. Aber gleich wichtig ist ein zweites: Liebe deinen Mitmenschen wie dich selbst! In diesen beiden Geboten ist alles zusammengefasst, was das Gesetz und die Propheten fordern.«

| Matthäus 22, 37–40

Die Zehn Gebote sind sehr alte und bewährte Regeln. Wenn man sich an diese Regeln hält, dann kann man ganz gut mit Gott und den anderen Menschen klar kommen.

Die Zehn Gebote

1. Gebot: Ich bin der Herr, dein Gott. Du sollst keine anderen Götter neben mir haben.

2. Gebot: Du sollst dir kein falsches Bild machen von Gott, deinem Herrn.

3. Gebot: Du sollst den Namen deines Gottes nicht unnütz gebrauchen.

4. Gebot: Du sollst den Sonntag heilig halten.

5. Gebot: Du sollst Vater und Mutter ehren.

6. Gebot: Du sollst nicht töten.

7. Gebot: Du sollst nicht ehebrechen.

8. Gebot: Du sollst nicht stehlen.

9. Gebot: Du sollst kein falsches Zeugnis reden wider deinen Nächsten.

10. Gebot: Du sollst nicht begehren, was deinem Nächsten gehört. | 2. Mose 20, 2–17

bibeltext

Und warum nur zehn Gebote?

Am dritten Tag, da erhob sich ein Donnern und ein Blitzen und der Ton einer sehr starken Posaune. Und Gott sprach aus einer Wolke zu Mose auf dem Berg Sinai und diktierte ihm die Zehn Gebote.

Die Zehn Gebote sind wichtig und gut. Sie sind wie ein Warnlicht, das jedes Mal aufleuchtet, wenn etwas nicht in Ordnung ist. Du kannst dir ja an den zehn Fingern deiner beiden Hände abzählen, was passiert, wenn wir uns nicht nach ihnen richten: Zum Beispiel stirbt die Liebe, wenn du deinen Partner betrügst (7. Gebot). Und du verlierst den Verstand, wenn du die ganze Woche nur durchpowerst (4. Gebot). Oder du würdest im völligen Chaos leben, wenn es nicht selbstverständlich wäre, dass du niemanden tötest (6. Gebot) oder bestiehlst (8. Gebot). Aber es sind nur Zehn Gebote. Ist das nicht ein bisschen wenig für die Fragen, die wir heute haben? Denk an den Umweltschutz oder die ungerechte Verteilung des Reichtums. Denk an die Gentechnologie oder die vielen Kriege. Wäre es da nicht cool, wenn Gott aus einer Wolke zu dir spräche und dir ein elftes Gebot diktieren würde, zum Beispiel: »Du sollst die Finger von allen Drogen lassen. Es ist Teufelszeug.« Ich fürchte, es wird bei den Zehn Geboten bleiben. Sie reichen auch für die grobe Orientierung. Und was heute geht und was nicht, das kannst du dir mit Hilfe der Zehn Gebote selbst überlegen.

11
Du sollst dich nicht töten.

Sandra und David

David ist Streitschlichter in der Schule. Er weiß, wozu Regeln gut sind und was passiert, wenn sie gebrochen werden. Er findet die Zehn Gebote gut. Sandra ist sich da nicht so sicher. In einer langen Feriennacht entwickelt sich dieser Chat.

Name: **Sandra <sandra@earth.de>**
Betreff: **Erstes und zweites Gebot**

Hi David,
ist ja gut. Du hast mich überzeugt. Das erste Gebot kann ich akzeptieren: »Ich bin der Herr, dein Gott. Du sollst keine anderen Götter neben mir haben.« Es gibt eben nur den einen Gott, der die Liebe ist. Aber verstehst du, was mit dem zweiten Gebot gemeint ist? »Du sollst dir kein falsches Bild von Gott machen?« Deine Sandra

Name: **David <david@earth.de>**
Betreff: **Re: Erstes und zweites Gebot**

Hi Sandra,
ja, habe ich letzte Woche in der Schule geblickt. Melanie zeichnete in ihren Reli-Ordner Gott auf einer Wolke mit weißem Bart. Der Religionslehrer meinte: »Melanie, passt das noch zu dir mit fünfzehn?« Was mit fünf Jahren in Ordnung war, ist mit fünfzehn ein bisschen komisch, wie ein Anzug, aus dem man eigentlich schon herausgewachsen ist und der viel zu eng geworden ist. Dein David

Name: **Sandra <sandra@earth.de>**
Betreff: **Drittes Gebot**

Hi David,
mit dem dritten Gebot – du sollst Gottes Namen nicht unnütz gebrauchen – da hab ich meine Probleme. Letzte Woche fiel dem Hausmeister eine Kiste auf den Zeh und er brüllte »Herrgottsakrament«! Ist das schon Gotteslästerung? Deine Sandra

Name: <u>David <david@earth.de></u>
Betreff: **Re: Drittes Gebot**

Hi Sandra,
ich glaube, Gott ist das ziemlich egal, solange man ihn sonst respektiert. Dein David

Name: Sandra <sandra@earth.de>
Betreff: **Viertes Gebot**

Hi David,
das vierte Gebot finde ich ziemlich unwichtig. Der Sonntag ist doch ein Tag wie jeder andere, nur viel langweiliger. Außerdem nervt mich meine Mutter, dass ich am Sonntag keine Blättchen austragen soll. Deine Sandra

Name: <u>David <david@earth.de></u>
Betreff: **Re: Viertes Gebot**

Hi Sandra,
das mit dem Sonntag sehe ich anders. In meinem Praktikum im Krankenhaus musste ich sonntags arbeiten. Viele Schwestern hatten Familie. Für die war es echt hart. Sie mussten arbeiten, wenn ihre Kinder frei hatten. Im Krankenhaus geht's halt nicht anders, aber ich gehe sonntags nicht einkaufen. Auch nicht zum Bäcker. Wegen mir soll keiner am Sonntag arbeiten müssen. Und Blättchen austragen muss am Sonntag auch nicht sein. Dein David

Name: <u>Sandra <sandra@earth.de></u>
Betreff: **Fünftes Gebot**

Hi David,
was hältst du vom fünften Gebot? Die Eltern ehren? Meine Mutter will gar nicht geehrt werden, mein Vater schon eher. Deine Sandra

Name: David <david@earth.de>
Betreff: Re: Fünftes Gebot

Hi Sandra,
vielleicht liegt es nur an dem komischen Wort »ehren«. Respektieren fände ich ganz o.k. Meine Oma ist verwirrt und im Altersheim. Meine Mutter redet ganz normal mit ihr, aber ihr Bruder behandelt sie, als wäre sie ein Kleinkind. Meine Mutter sagt, er solle meine Oma respektvoller behandeln. Sie habe viel in ihrem Leben geleistet und sei immer für uns da gewesen. Ich finde, da hat sie Recht!
Dein David

Name: Sandra <sandra@earth.de>
Betreff: Sechstes Gebot

Hi David,
und das sechste Gebot? Ist töten in keinem Fall erlaubt? Wenn ein Geiselnehmer Frauen und Kinder mit der Waffe bedroht – darf die Polizei nicht schießen? Deine Sandra

Name: David <david@earth.de>
Betreff: Re: Sechstes Gebot

Hi Sandra,
das sind die totalen Ausnahmen. Die Regel muss doch aber sonnenklar sein für jeden. Sonst hast du den Bürgerkrieg. Dein David

Name: Sandra <sandra@earth.de>
Betreff: Siebtes Gebot

Hi David,
mir geht es beim siebten Gebot wie dir beim sechsten. Für mich ist das sonnenklar. Ich finde ohne Treue und ohne Vertrauen geht's in einer Beziehung nicht, sonst kann ich es gleich lassen. Wenn mein Freund fremdgeht, dann ist unsere Beziehung beendet! Deine Sandra

Name: **David <david@earth.de>**
Betreff: **Achtes Gebot**

Hi Sandra,
beim Praktikum in der Bank habe ich mir überlegt, ob ich nicht mit einem Mausklick den 50 Euro auf meinem Konto zwei Nullen hinzufügen könnte. Das wäre doch nicht wirklich gestohlen – oder? Ich hätte mit einem Mausklick meinen Roller finanziert. Natürlich hab ich es nicht gemacht. Das achte Gebot ist so selbstverständlich für mich. Ich hätte ein entsetzlich schlechtes Gewissen bekommen. Dein David

Name: **Sandra <sandra@earth.de>**
Betreff: **Neuntes Gebot**

Hi David,
dass dir das achte Gebot so in Fleisch und Blut übergegangen ist, dafür haben deine Eltern lange mit dir geübt. Ich finde, das neunte Gebot kann man streichen. Deine Sandra

Name: **David <david@earth.de>**
Betreff: **Re: Neuntes Gebot**

Hi Sandra,
von wegen, das mit den üblen Gerüchten ist total aktuell. Unser Mathelehrer soll zum Beispiel ein Verhältnis mit einer Schülerin haben und zu Hause ausgezogen sein. Da ist aber überhaupt nichts dran. Der Mathelehrer wohnt bei uns gegenüber. Ich kann aus meinem Fenster sehen, wie er gerade im Garten mit seinen Kindern spielt. Aber da kannst du mal sehen, wie schnell Gerüchte entstehen. Dein David

Name: **Sandra <sandra@earth.de>**
Betreff: **Zehntes Gebot**

Hi David,
okay, ich lass mal das neunte Gebot mit den Gerüchten über andere Leute stehen. Das zehnte Gebot finde ich aber ganz wichtig. Mein Papa ist ja Schreiner und er hat von meinem Opa die Schreinerei geerbt. Im Testament stand, dass er seine beiden Brüder auszahlen soll. Seitdem reden die Brüder nicht mehr miteinander, nur noch über die Anwälte. Es ist schrecklich. So will ich nie werden! Deine Sandra

Name: **David <david@earth.de>**
Betreff: **Re: Zehntes Gebot**

Hi Sandra,
ich glaub, da besteht bei dir keine Gefahr! Aufs Ganze gesehen sind die Zehn Gebote eigentlich schon in Ordnung. Wenn sich alle Menschen daran halten würden, kämen wir, glaube ich, ganz gut miteinander klar. Und Gott wäre auch zufrieden mit uns. Dein David

ALLES GUTE KOMMT VON OBEN?

Was Segen bedeutet

Alles geschenkt

Segen ist wie eine Umarmung Gottes. Im Segen wendet Gott sich einem Menschen zu, schenkt ihm seine Aufmerksamkeit, seine Lebendigkeit, seine Kraft. Segen kann man weitergeben. Den Besitz, den Isaak von Gott empfangen hatte, gab er an seinen erstgeborenen Sohn weiter, indem er ihn segnete. Dieser Segen war wie ein gültig unterschriebener Vertrag. Er konnte nicht mehr rückgängig gemacht werden. Gesegnet werden Menschen an riskanten Übergängen ihres Lebens, wenn sie aufbrechen oder einer schwierigen Aufgabe entgegengehen. Als Abraham in eine ungewisse Zukunft aufbricht, wird er gesegnet. Jakob wird gesegnet, als er einen Fluss überquert, um seinen Bruder Esau wiederzusehen. Jesus segnet die Kinder, die schutzbedürftig sind. Gesegnet werden Kinder bei ihrer Taufe und eingesegnet werden Jugendliche bei der Firmung oder Konfirmation, der Schwelle zum Erwachsensein. Gesegnet werden Mann und Frau bei der Hochzeit, wenn sie sich auf das Abenteuer eines gemeinsamen Lebens einlassen. Ausgesegnet wird ein Mensch, wenn er diese Welt verlässt und aufbricht in Gottes neue Welt. Der Segen Gottes kann sich in vielerlei zeigen, nicht nur in materiellen Dingen, sondern auch in Mut, Kraft, Geduld und Ausdauer.

Segen ist ...

Glück und Gesundheit | Felix

Familie | Anian

dass mir nichts Schlimmes passiert | Corinne

gesund sein und immer genug Geld haben | Julian

dass es Frieden gibt | Julia

warme Kleidung im Winter | Patrick

mit jemandem reden zu können, wenn ich Probleme habe | Doreen

Glück, Erfolg und eine (Er-)Lösung in schwierigen Situationen | Hannes

Cappuccino am Sonntag | Martin

nicht allein zu sein | Janina

dass es mir wieder gut geht, nachdem es mir schlecht ging | Jessica

wenn es mir rundum gut geht | Carolin

tolle Omas | Lena

meine Musik | Fabian

dass man mich liebt, auch wenn ich vom Weg abkomme | Marcel

bei Kälte eine warme Wohnung | Christian

beschützt von Gott ein gutes Leben führen | Lisa

ewiges Glück | Stefanie

dass immer jemand für mich da ist | Sascha

O-Ton

Abraham und Sara

In der Stadt Haran, zwischen den beiden großen Flüssen Eufrat und Tigris, lebte ein reicher Mann. Sein Name war Abraham und seine Frau hieß Sara. Die beiden hatten keine Kinder. Da sprach Gott zu Abraham: »Verlass deine Heimat. Verlass deine Familie und deine ganze Verwandtschaft und mach dich auf in ein Land, das ich dir zeigen werde! Ich will dich segnen und dich zum Stammvater eines großen Volkes machen. An dir soll man sehen, was es bedeutet, wenn ich jemanden segne.« Abraham machte sich auf, wie Gott es zu ihm gesagt hatte. Seine Frau Sara und sein Neffe Lot begleiteten ihn. Und er nahm alles mit, was ihm gehörte, alle seine Tiere und alle Knechte und Mägde. Abraham und Sara waren schon sehr alt, als sie ihre Heimat verließen. Eines Nachts hörte Abraham die Stimme Gottes im Traum. Und Gott sprach: »Hab keine Angst, Abraham. Ich werde dich beschützen. Ich werde dich reich und berühmt machen.« Da seufzte Abraham: »Was nützt es mir, wenn du mich reich und berühmt machst? Ich bin alt und werde ohne Kinder sterben.« Da führte Gott Abraham vor sein Zelt: »Sieh hinauf zu den Sternen am Himmel! Kannst du sie zählen? So unzählbar werden deine Nachkommen sein.« Abraham vertraute Gottes Zusage und Gott freute sich über Abrahams Vertrauen. Nach einer langen Reise erreichten Abraham und Sara das Land Kanaan. Bei dem Ort Sichem stand ein heiliger Baum. Als sie dort ausruhten, erschien Gott dem Abraham und sagte zu ihm: »Das ist das Land, das ich dir und deinen Nachkommen gebe!« Und Abraham baute Gott an dieser Stelle einen Altar. Und er rief Gott an im Gebet und dankte ihm. | 1. Mose 12 und 15

bibeltext

Segen = Geldsegen?

Zwei Männer mit viel Geld. Abraham und auch Zachäus. Abraham ist ein Viehbaron. Ihm gehören endlose Schaf- und Rinderherden. Zachäus dagegen ist ein Steuereintreiber. Von Abraham heißt es: »Du bist von Gott gesegnet und du sollst für andere ein Segen sein.« Zachäus dagegen wird schlicht als Halsabschneider bezeichnet. Denn Abraham ist nicht nur reich. Er bringt seinen Reichtum auch in Umlauf und beteiligt andere daran. So wird Geld zu Segen. Zachäus dagegen bleibt auf seinem Geldsack sitzen. Er nimmt nur und gibt nichts. Das mehrt seinen Wohlstand und macht andere immer ärmer.

Das Problem ist dabei nicht das Geld. Auch nicht, dass manche viel, andere wenig davon haben. Das Problem ist, was du mit deinem Geld tust. Wenn du ein weites Herz hast wie Abraham, dann kann Geld ein Segen sein. Wenn du ein Abzocker bist, wie Zachäus, dann ist Geld ein Fluch. Am Ende aber zählt nur, was du mit deinem Geld an Segen bewirkt hast. Jedenfalls in der folgenden Geschichte: Ein Reicher kommt in den Himmel. Ihm wurde gesagt: Am Ende deines Lebens kannst du nichts mitnehmen. Doch der Reiche hält einen Geldsack mit goldenen Rubelmünzen in der Hand. Und dann stellt er fest, dass es im Himmel alles zu kaufen gibt. Der Reiche geht in eine Bäckerei. Vor ihm steht eine alte Frau. Sie reicht dem Engel hinter der Ladentheke eine abgewetzte kleine Kopeke und bekommt Kuchen in Hülle und Fülle. Dem Reichen läuft das Wasser im Mund zusammen. Er zieht eine schwere goldene Rubelmünze aus seinem Geldsack. »Kuchen, Brezeln, Blätterteigtaschen, Bienenstich und zwei Nusshörnchen. Packen sie alles ein«, sagt er zum Engel. – »Tut mir Leid, mein Herr«, erwidert der Engel. »Diese Währung gilt nicht im Himmel.« – »Wieso?«, fragt der Reiche erbost. »Die Frau vor mir hat mit einer Kopeke den halben Laden leergekauft und ich gebe Ihnen einen goldenen Rubel.« – »Die Kopeke der alten Frau«, lächelt der Engel, »ist das Geld, das sie in ihrem Erdenleben mit anderen geteilt hat. Nur diese Währung zählt im Himmel.«

Arm und Reich

Der Abstand zwischen reich und arm nimmt beständig zu. Die Vermögenswerte der drei reichsten Menschen der Erde sind höher als das Bruttoinlandsprodukt der 48 ärmsten Entwicklungsländer mit ihren 586 Millionen Einwohnern. Am Beginn des 21. Jahrhunderts leben weltweit 1,2 Milliarden Menschen – das sind rund 19 Prozent der Weltbevölkerung – von weniger als einem US-Dollar am Tag und weitere 1,6 Milliarden Menschen – 45 Prozent – mussten sich täglich mit einem bis zwei Dollar bescheiden. Die Bilanz dieser unvorstellbaren Ungleichverteilung von Einkommen und damit Lebenschancen bei gleichzeitig dramatischer Armut ist erschreckend: »Menschen, die arm geboren werden, sterben wahrscheinlich arm«, stellte das Entwicklungsprogramm der Vereinten Nationen in seinem »Bericht über die menschliche Entwicklung 2002« fest.

»Die Welt bietet genug für jedermann, aber nicht für jedermanns Gier.« | Mahatma Gandhi

BESSER ALS IHR RUF?

Die Kirche

Ich – ein Heiliger?

Ich bin ein Heiliger! Klingt das nicht komisch? Aber so steht es im apostolischen Glaubensbekenntnis: »Ich glaube an die heilige christliche Kirche, die Gemeinschaft der Heiligen.« Als ob die Menschen in der Kirche besser wären als anderswo. Die haben doch ihre Fehler und Schwächen wie alle anderen auch. Was bedeutet es dann, dass sie Heilige sind? Ich mach dir einen Vorschlag: Heilig ist ein Mensch, der Fehler macht wie du und ich, aber zu seinen Fehlern stehen kann. Weil Gott zu ihm steht, so wie er ist. Mir ist es extrem peinlich, einen Fehler einzugestehen. Aber ich mach eben welche. Und es ist sehr anstrengend, meine Fehler dauernd zu verbergen. In einer Gemeinschaft, wo jeder zu seinen Stärken und Schwächen stehen kann, wäre das nicht nötig. Da könnte ich viel lockerer sein und barmherziger. Meine Stärken würden mir ja nicht geneidet und meine Schwächen nicht um die Ohren geschlagen. Das ist für mich Kirche als Gemeinschaft der Heiligen. Ein Ort, an dem Menschen entspannt leben können. Zugegeben – oft wirkt die Kirche anders. Steif und komisch. Aber das sind nur die sichtbaren Kulissen. Dahinter ist etwas anderes. Man kann es nicht sehen, aber spüren. Eine Gemeinschaft der Heiligen, die gut tut und Spaß macht.

David und Sandra
und die Gemeinschaft der Heiligen

Name: **Sandra <sandra@earth.de>**
Betreff: **Gemeinschaft der Heiligen?**

Hi David,
beim Gottesdienst am letzten Sonntag habe ich zwischen meinen Eltern gesessen. Mein Vater ist katholisch, meine Mutter evangelisch. Beim Glaubensbekenntnis sagen meine Eltern trotzdem genau dasselbe. Nur an der Stelle, wo es um die Kirche geht, sagen sie etwas anderes. Mein Vater sagt: »Ich glaube an die heilige katholische Kirche.« Meine Mutter dagegen: »Ich glaube an die heilige christliche Kirche.« Nur ein einziges Wort trennt die beiden voneinander. Ist das nicht merkwürdig? Deine Sandra

Name: **David <david@earth.de>**
Betreff: **Re: Gemeinschaft der Heiligen?**

Hi Sandra,
solange sich deine Eltern sonst gut verstehen, seh ich da kein Problem. Ich kann mit dem Unterschied zwischen katholisch und evangelisch sowieso nicht viel anfangen. Ich bin da nicht der Einzige. Es gibt Leute, die treten wegen des Papstes aus der evangelischen Kirche aus. Dein David

Name: **Sandra <sandra@earth.de>**
Betreff: **Re: Gemeinschaft der Heiligen?**

Hi David,
ich habe meine Eltern gefragt, was sie denn darunter verstehen: »Ich glaube an die heilige christliche Kirche, die Gemeinschaft der Heiligen.« Jedenfalls glauben sie nicht an ein Gebäude, sagen sie. Das ist mir auch klar. Es geht um etwas Unsichtbares. Findest du, dass in der Kirche lauter Heilige sind? Was heißt denn überhaupt »heilig«? Deine Sandra

Name: David <david@earth.de>
Betreff: **Re: Gemeinschaft der Heiligen?**

Hi Sandra,
keine Ahnung. Heilig bin ich jedenfalls nicht. Dein David

Name: Sandra <sandra@earth.de>
Betreff: **Re: Gemeinschaft der Heiligen?**

Hi David,
warum denn nicht? Deine Sandra

Name: David <david@earth.de>
Betreff: **Re: Gemeinschaft der Heiligen?**

Hi Sandra,
weil ich zum Beispiel schon einmal gelogen habe! Dein David

Name: Sandra <sandra@earth.de>
Betreff: **Re: Gemeinschaft der Heiligen?**

Hi David,
wer hat das nicht? Ich habe auch schon gelogen. Und wenn ich an meine Notlügen denke ... Ich glaube nicht, dass ich heilig bin, weil ich immer alles richtig mache. Ich könnte mir vorstellen, dass heilig sein etwas damit zu tun hat, dass jemand zu seinen Stärken und Schwächen stehen kann, weil er von Gott so akzeptiert wird, wie er ist. Die Kirche könnte der Ort sein, wo ich solche Leute finde. Deine Sandra

Was ich an der Kirche ändern würde

Die Predigten sollten kürzer und verständlich sein. | Florian

Ich wünsche mir bequeme Kinosessel und keine Langeweile. | Ina

In meiner Kirche gäbe es keine Lieder, die alt sind und viel zu langsam gesungen werden. | Marina

Es geht in meiner Kirche um Themen, die mit der Realität zu tun haben, mit meinem Leben und mit aktuellen Ereignissen. | Markus

Bei mir müsste man in der Kirche nicht dauernd aufstehen. | Marcel

Die Kirche fängt viel zu früh an. Meine Kirche beginnt um 18.00 Uhr. | Malu

Bei mir gäbe es in der Kirche Getränke und was zu knabbern. | Christian

Ich habe mich in der Kirche noch nie wohl gefühlt. Ich fühle mich zu Hause genauso nahe bei Gott. | Daniel

Bei mir wäre der Gottesdienst kürzer. | Franziska

Die Atmosphäre sollte nicht immer so komisch und steif sein. | Steffi

Eine neue Heizung, damit es schön warm ist. | Sandra

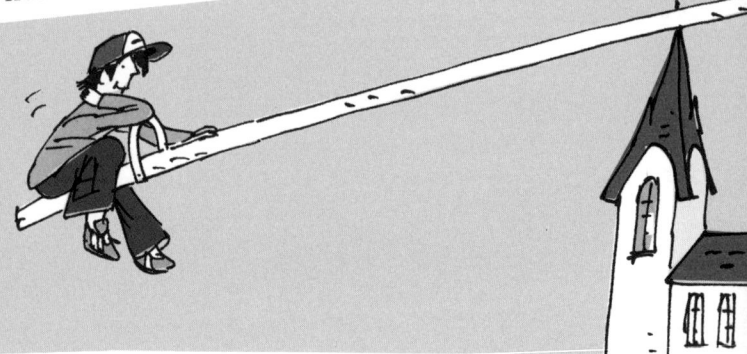

Was mir an der Kirche gefällt

Mir gefallen die Blumen. | Larissa

Mir gefallen die schönen bunten Fenster. | Julian

Wenn man in der Kirche lachen kann und Spaß hat. | Patrick

Mir gefällt es, wenn wir im Gottesdienst tanzen. | Sabrina

Wenn man nach dem Gottesdienst noch was zusammen macht, zum Beispiel Jugendfrühstück, das finde ich klasse! | Tobias

Mir gefallen die lockeren Gottesdienste in der Kirche. | Nadine

Mir gefällt es, wenn eine Band spielt und wir Jugendlichen Spaß haben. | Katja

Ich freue mich, wenn ich die anderen in der Kirche treffe und wir zusammen ganz vorne sitzen. | Julia

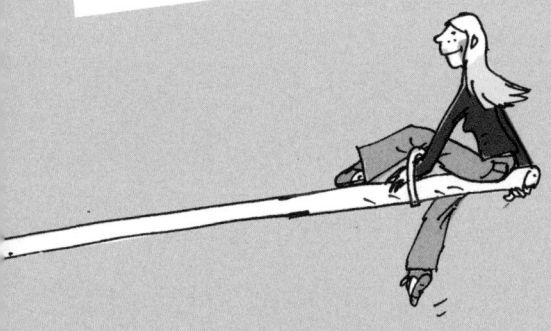

O ton

WARUM GERADE ICH?

Vom Sinn des Helfens

Hilfe!

Wenn jemand deine Hilfe braucht, dann hilfst du ihm. Da bin ich mir sicher. Das ist beinahe selbstverständlich.

Aber würdest du jedem helfen? Auch einem Straftäter? Oder jemandem, der an seiner Notlage selbst schuld ist? Oder jemandem, der dir für deine Hilfe überhaupt nicht dankbar ist?

Der barmherzige Samariter

Ein Schriftgelehrter – so nannte man die Männer, die das Gesetz Moses genau studiert hatten – wollte Jesus auf die Probe stellen und fragte ihn deshalb: »Im Gesetz Moses steht: Liebe Gott von ganzem Herzen, mit ganzem Willen, mit aller deiner Kraft und mit ganzem Verstand und liebe deinen Nächsten wie dich selbst.« – »Das ist richtig«, erwiderte Jesus. – »Dann sage mir: Wer ist denn mein Nächster?«, fragte der Schriftgelehrte. Da erzählte Jesus eine Geschichte: »Ein Mann reiste von Jerusalem nach Jericho. Unterwegs wurde er von Räubern überfallen. Sie raubten ihn aus, schlugen ihn halb tot und ließen in so liegen. Zufällig kam auch ein Priester auf demselben Weg vorbei. Er sah den Mann liegen und ging weiter. Genauso machte es ein Tempeldiener, als er an der Stelle vorbeikam. Er sah den Mann liegen und ging vorbei. Schließlich kam ein Mann aus Samaria des Wegs. Die Samaritaner galten als Fremde und wurden gering geachtet. Als er den Überfallenen sah, bekam er Mitleid. Er säuberte seine Wunden, verband ihn, setzte ihn auf sein eigenes Reittier und brachte ihn in das nächste Gasthaus, wo er dafür sorgte, dass es ihm gut ging. Am nächsten Tag gab er dem Wirt zwei Silberstücke und sagte: ›Kümmere dich um ihn. Sollte es mehr kosten, werde ich es dir bezahlen, wenn ich zurückkomme.‹ Was meinst du?«, wandte sich Jesus an den Schriftgelehrten. »Wer von den dreien hat den Überfallenen als seinen Nächsten gesehen?« Der Schriftgelehrte antwortete: »Natürlich der, der ihm geholfen hat.« Da sagte Jesus: »Dann geh hin und mach es genauso.« | Lukas 10, 25–37

bibeltext

Jesus bleibt nicht cool

Im barmherzigen Samariter hat Jesus sich selbst dar-
gestellt. So wie der Samariter einem unter die Räuber
gefallenen Opfer spontan und ohne zu zögern hilft,
so handelt Jesus. Das ist das Besondere an ihm. Er
sieht einen hilfsbedürftigen Menschen und zögert
nicht ihm zu helfen, aus dem einfachen Grund, weil
dieser Mensch seine Hilfe braucht. Jesus reagiert in
solchen Situationen völlig eindeutig, spontan und
souverän. Ob das Opfer ihm seine Hilfe dankt, ob
der Hilfsbedürftige vielleicht selbst an seiner Notlage
schuld ist, ob er selbst etwas Schlimmes getan hat –
das alles interessiert Jesus nicht, wenn er sieht, dass
der andere ihn braucht. Dann bleibt Jesus überhaupt
nicht cool. Im Gegenteil. Dann ist er warmherzig, voller Mitgefühl und Hilfsbereitschaft.

Sonja, eine moderne Samariterin

Ein Lastwagen hält nachts auf einem einsamen Feld. Von der Ladefläche steigt eine Gruppe illegaler ukrainischer Einwanderer. Der Schlepper schickt sie los in Richtung Westen. »Dort ist Berlin«, sagt er. Aber der Schlepper hat die Leute betrogen. Sie sind nicht in Deutschland, sondern in Polen. In dieser Nacht versuchen drei junge Männer der Gruppe über die Oder nach Deutschland zu gelangen. Einer von ihnen wird von der starken Strömung mitgerissen und ertrinkt, die beiden anderen werden vom Bundesgrenzschutz gefasst. Beim Verhör sitzt neben den Beamten Sonja, eine junge deutsche Übersetzerin. Sie hat Mitleid mit dem Ukrainer, aber der Beamte macht kurzen Prozess: Abschieben nach Polen. Sonja geht nach Hause. Sie steht vor ihrem Auto und will die Tür aufschließen. Da steht plötzlich der junge Ukrainer vor ihr. Er hat sich losgerissen. Sonja hört schon das Rufen der Wachen. Der Ukrainer fleht sie an. »Helfen Sie mir, sonst bin ich verloren.« Sonja erstarrt. Da ist die coole Distanz, die sie sich angewöhnt hat, um in ihrem Job nicht verrückt zu werden. Und da ist der verzweifelte Blick des jungen Mannes. Mitgefühl und Coolness ringen in Sonja miteinander. Dann ist es zu spät. Die Beamten packen den Ukrainer, reißen ihn zu Boden, fesseln ihn und führen ihn ab.

Einige Zeit ist vergangen. Sonja sitzt in ihrem Zimmer. Ihr geht die Szene auf dem Hof der Kaserne nicht aus dem Sinn. Sie spürt, dass ihr in diesem Übersetzerjob etwas verloren gegangen ist. Sie sagt sich: Ich muss rüber nach Sublice und dem Ukrainer helfen. Sonja findet ihn und schmuggelt ihn über die deutsche Grenze. Alles geht gut und sie fährt mit ihm durch das nächtliche Berlin zum Potsdamer Platz. Plötzlich hat es der Mann eilig. Er bittet Sonja anzuhalten. Er steigt aus. Sonja ist verwirrt. Warum hat er es plötzlich so eilig? Er bedankt sich und verschwindet. »Scheiße«, sagt Sonja. Ihre wertvolle Foto-Ausrüstung ist weg. | Frei nach einer Szene aus dem Film »Lichter«, Drehbuch: Hans-Christian Schmid und Michael Gutmann.

Cool oder barmherzig?

Sonja ist eine moderne Samariterin. Sie ist hin- und hergerissen zwischen Coolness und Hilfsbereitschaft. Erst im zweiten Anlauf ringt sie sich zu der Barmherzigkeit durch, die Jesus verkörpert. Das macht sie glücklich und frei. Aber das Leben scheint seit den Tagen Jesu komplizierter geworden zu sein. Bei Jesus geht die Geschichte gut aus. Der Samariter bringt das Opfer in eine Herberge, bezahlt die Wundversorgung und die Unterkunft. Auf dem Rückweg wird der Samariter einen Menschen antreffen, der seinem Retter ein Leben lang dankbar sein wird. Zumindest wird er ihn nicht beklauen. Nicht so das Opfer, dem Sonja hilft. Kaum hat sie den Ukrainer gerettet, da wendet er sich gegen sie und bestiehlt sie. Spricht das dagegen, heute noch ein Samariter zu sein? Sich von der spontanen Warmherzigkeit, die Jesu vorlebt, anstecken zu lassen, weil wir heute damit rechnen müssen, dass unsere Barmherzigkeit schamlos missbraucht wird? Was meinst du?

Warum gerade ich?

Ist Helfen dein Ding?

	nichts	warte ab	höre zu	helfe
Was tust du, wenn eine alte Dame nicht allein über die Straße kommt?	☐	☐	☐	☐
Ein Penner fragt: Haste mal 'n Euro?	☐	☐	☐	☐
Ein Kind hinfällt, sich das Knie aufschlägt und schreit?	☐	☐	☐	☐
Ein Betrunkener dir entgegentorkelt?	☐	☐	☐	☐
Einer aus deiner Klasse, den du nicht magst, mit dir Mathe lernen will?	☐	☐	☐	☐
Deine Mutter dich bittet nach dem Essen den Tisch abzuräumen?	☐	☐	☐	☐
Ein Ausländer dich nach dem Weg fragt?	☐	☐	☐	☐
Ein Mann nach einem Fahrradunfall verletzt am Boden liegt?	☐	☐	☐	☐
Es Streit in der Disco gibt?	☐	☐	☐	☐
Ein junger Türke in der U-Bahn von Skinheads geschubst wird?	☐	☐	☐	☐
Ein Mädchen aus deiner Klasse gemobbt wird?	☐	☐	☐	☐
Dein kleiner Bruder sich fürchtet und will, dass du mit ihm zu Hause bleibst?	☐	☐	☐	☐

Mutmacher

M Fürchte dich nicht, sondern rede und schweige nicht! | Apostelgeschichte 18, 9 nach Luther

k Wenn Probleme oder Konflikte auftreten, will ich versuchen, sie anzupacken, sie mit wohlüberlegten Worten zu klären und sie nicht auf sich beruhen lassen. Gott hilft mir, dass ich mich nicht vor schwierigen Situationen fürchte, mir von niemandem reinreden lasse und sie dann richtig löse. Er gibt mir immer Rückendeckung! | Moritz

103

WAR'S DAS?

Der Tod und was danach kommt

Stell dir das Paradies vor ...

Sandstrand, blauer Himmel, türkisfarbenes Meer. Alles angenehm geordnet und voller Abwechslung. Ja, und Adam. Waschbrettbauch, charmant und gut gebaut. Und Eva, schön, klug und sehr verführerisch. An einem bestimmten Punkt mussten Adam und Eva leider das Paradies verlassen. Dazu nur so viel: Es hat mit der menschlichen Neugier zu tun und mit der Schwierigkeit, Grenzen einzuhalten, und mit der Sehnsucht, sein zu wollen wie Gott. Gott vertreibt also die beiden aus dem Paradies, aber sie bleiben zusammen. Das ist ein Stück Himmel, das ihnen bleibt. Und wie geht es weiter mit Adam und Eva? Der Boden ist steinig, das Klima regnerisch. Arbeiten fällt beiden schwer. Jetzt müssen sie wilde Tiere zähmen, Felder anlegen, einen Brunnen graben, ein Haus bauen. Sie bekommen Kinder. Zwei ziemlich schlecht erzogene Söhne, Kain und Abel. Darüber vergehen die Jahre und mit den Jahren vergeht die Erinnerung an das Paradies. Eines Tages stirbt nun der Leithammel in Adams Herde. Die Erkenntnis trifft ihn wie ein Blitz: Eines Tages stirbst auch du. Noch ist es nicht so weit, aber der Tag wird kommen. Das ist sicher. Adam wird launisch und reizbar. Er beginnt zu zweifeln, ob sich all die Mühe lohnt. Plötzlich spürt er die Jahre. Und er sieht, dass auch Eva älter wird. Schließlich beschließt Adam es Eva zu sagen. »Wir müssen sterben«, sagt er zu Eva. »Große Neuigkeit«, erwidert Eva spöttisch. »Das weiß ich doch längst.« – »Und warum machst du dir keine Sorgen?«, fragt Adam. – »Wir gehen wieder zurück in den Garten.« – »Woher willst du das denn wissen?«, erwidert Adam. – »Schau, die Blumensamen, den schönen funkelnden Stein. Das werfen mir die Engel über die Mauer«, erwidert Eva, »und wenn wir an unser Ende kommen, dann rufe ich die Engel und sie öffnen uns das Tor.« Da steigt in Adam eine längst versunkene Erinnerung auf. Und er fängt an zu lachen, zum ersten Mal nach langer Zeit. | Frei nach Marie-Luise Kaschnitz: »Adam und Eva«.

Der Himmel steht offen

Blumen, schöne Steine, der Sonntag, an dem man paradiesisch faulenzen kann, gute Geschichten, die Bilder vom Himmel aus der Bibel, tolle Musik, ein Lachen, ein Kuss, der Segen, der sich wie ein Regenbogen über mein Leben spannt, das alles ist ein Stück vom Himmel, das Gottes Engel über die Mauer des Paradieses werfen. Damit ich und du nicht vergessen, dass am Ende der Himmel für uns offen steht. Und wir das Lachen nicht verlernen, auch wenn wir wissen, dass wir eines Tages sterben müssen.

Auferstanden von den Toten

Am Abend des Tages, an dem Jesus gestorben war, kam ein reicher Mann aus Arimathäa mit Namen Josef zu Pilatus und bat ihn, den Leichnam Jesu begraben zu dürfen. Pilatus gab ihm den Leichnam. Josef nahm den Toten, wickelte ihn in ein neues Leinentuch und legte ihn in sein eigenes Grab. Es war in einen Felsen gehauen. Dann rollte er einen schweren Stein vor den Eingang. Früh am Sonntagmorgen gingen einige der Frauen, die Jesus begleitet hatten, zum Grab mit wohlriechenden Salben, um den Leichnam damit zu salben. Denn Jesus war wegen des Feiertags in aller Eile bestattet worden. Als sie zum Grab kamen, war der Stein weggerollt. Sie gingen in die Grabkammer hinein und sahen dort einen jungen Mann in einem weißen Gewand sitzen. Die Frauen erschraken sehr. Der Engel sagte zu ihnen: »Habt keine Angst. Was sucht ihr den Lebenden unter den Toten? Jesus ist nicht hier. Gott hat ihn von den Toten auferweckt.« Da eilten die Frauen zurück und berichteten Petrus und Johannes, was sie erlebt hatten. Die hielten das für leeres Gerede. Maria von Magdala, die den Frauen gefolgt war, stand noch draußen vor dem Grab und weinte. Als sie sich umdrehte, sah sie Jesus stehen. Aber sie wusste nicht, dass er es war. Jesus fragte: »Frau, warum weinst du?« Sie dachte, es sei der Gärtner und sagte zu ihm: »Sie haben meinen Herrn fortgetragen. Wenn du ihn fortgenommen hast, dann sag mir, wo du ihn hingelegt hast.« – »Maria«, sagte Jesus zu ihr. Da wandte sie sich ihm zu und sagte: »Meister!« Jesus sagte zu ihr: »Berühre mich nicht. Ich bin noch nicht zum Vater zurückgekehrt. Aber geh zu den Jüngern und sag ihnen, dass ich zu meinem Vater und eurem Vater zurückkehre, zu meinem Gott und eurem Gott.« Maria von Magdala ging zurück und verkündete den Jüngern: »Ich habe den Herrn gesehen.« Und sie richtete ihnen aus, was er ihr aufgetragen hatte. | Lukas 23, 50–24, 10 und Johannes 20, 11–18

David und Sandra

Die Sommerferien sind vorbei. Die Schüler kommen in die Schule und erfahren am ersten Schultag, dass ihr Musiklehrer im Urlaub plötzlich gestorben ist. Das beschäftigt auch Sandra und David bei ihrem Chat im Internet.

Name: **David <david@earth.de>**
Betreff: **Tod**

Hi Sandra,
hast du schon gehört – unser Musiklehrer ist gestorben. Herzinfarkt beim Baden im Atlantik. Er hat ja auch geraucht wie verrückt. Mein Bruder hat gesagt: »Jetzt hat er's überstanden.« Er schon – aber seine Frau nicht! Sie haben doch zwei Kinder. Ich sag's dir, zu der Beerdigung geh ich nicht. Ich find das furchtbar. :(((Dein David

---

Name: **Sandra <sandra@earth.de>**
Betreff: **Re: Tod**

Hi David,
schon seltsam, wenn plötzlich jemand tot ist, den man gekannt hat. Meine Mutter hat mir, als meine Oma starb, erzählt, dass sie jetzt im Himmel ist. Das fand ich ganz tröstlich, dass sie gut aufgehoben ist bei Gott. Ich glaub an den Himmel und dass er am Ende für uns offen steht. Ist doch cool, dass das Leben nicht mit dem Tod endet. Kennst du die Beschreibung vom himmlischen Jerusalem? Deine Sandra

Das himmlische Jerusalem

Dann sah ich einen neuen Himmel und eine neue Erde. Ich sah wie die Heilige Stadt, das neue Jerusalem, aus dem Himmel herabkam, festlich geschmückt wie eine Braut für ihren Bräutigam. Ich hörte eine starke Stimme vom Thron sprechen: »Dies ist die Wohnung Gottes bei den Menschen! Er wird bei ihnen wohnen und wird abwischen alle Tränen. Es wird keinen Tod und keine Traurigkeit mehr geben. Alles Alte ist vergangen.« Und die Gestalt auf dem Thron sprach: »Siehe, ich mache alles neu. Wer durstig ist, dem gebe ich umsonst zu trinken. Ich gebe ihm Wasser aus der Quelle des ewigen Lebens.« Dann trug mich der Engel auf die Spitze eines hohen Berges. Er zeigte mir Jerusalem, die Heilige Stadt. Sie glänzte wie ein kostbares Juwel und der Strom des Lebens floss entlang der Hauptstraße mitten durch die Stadt. An beiden Seiten des Stroms wuchsen Bäume: der Baum des Lebens aus dem Paradies. In der Stadt gab es keine Nacht und keine Sonne mehr, denn Gott, der Herr, leuchtete über allem. | Offenbarung 21, 1 – 22, 5

bibeltext

Name: **David <david@earth.de>**
Betreff: **Re: Tod**

Hi Sandra,
ich finde die Beschreibung vom himmlischen Jerusalem klasse. Ich versuche mir das vorzustellen und ich denke manchmal darüber nach, wie's im Himmel sein könnte. Wie stellst du dir den Himmel vor? Dein David

Name: **Sandra <sandra@earth.de>**
Betreff: **Re: Tod**

Hi David,
sicher gibt's dort keine Krankheiten mehr. Unser Musiklehrer darf mit Beethoven Klavier spielen. Es ist gute Stimmung, Party ohne Ende. :) Vielleicht hat dein Bruder Recht und es geht uns dort wirklich besser. Aber ich will trotzdem noch ganz, ganz lange leben! Deine Sandra

Name: **David <david@earth.de>**
Betreff: **Re: Tod**

Hi Sandra,
ich kann mir den Himmel nicht so richtig vorstellen. Ich weiß nur, das Leben wäre leichter, wenn ich wüsste wie's danach weitergeht. Dein David

Wie es nach dem Tod weitergeht?

Kein Mensch kann wissen, wie es nach seinem Tod für ihn weitergeht. Aber, dass es weitergeht und zwar auf eine gute Weise, das erzählen die Geschichten von der Auferstehung Jesu von den Toten. Die Liebe Gottes ist so lebendig, dass sie auch der Tod nicht überwinden kann. Trotzdem ist die Neugier groß, einen Blick hinter den Vorhang zu werfen. Befragt man Menschen, die für kurze Augenblicke tot waren und wieder ins Leben zurückgekehrt sind, die also reanimiert wurden, dann erzählen sie von einem hellen Licht, von einem Gefühl der Leichtigkeit und der Freude. Sie berichten, dass ihr Leben wie in einem Zeitraffer an ihnen vorbeizog und wie sie sich aus ihrem Körper lösten und von oben auf sich herabblicken konnten. Die biblischen Bilder vom Paradies sind anders. Sie zeigen uns das Leben, so wie wir es kennen, nur in einem ganz anderen Licht. Das himmlische Jerusalem gleicht einer irdischen Stadt. Es gibt dort Mauern und Häuser. Es gibt Menschen und Tiere, aber es gibt keinen Streit, keinen Krieg, keine Tränen, keine Schmerzen, keinen Tod. Und es gibt keine Kirche. Denn in Gottes neuer Welt wird seine Liebe in allen und in allem sein.

Gespräch an der Himmelstür

von Malu und Markus

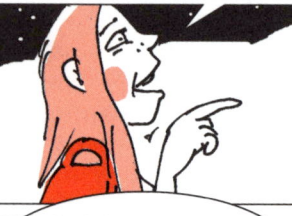

Deine Meinung zählt!

Wie stellst du dir den Himmel vor?

Was würdest du gern im Himmel tun/erleben?

Wen würdest du gern im Himmel treffen?

Was würdest du ihm/ihr erzählen?

Was würdest du ihn/sie fragen?

Was gehört für dich auf keinen Fall in den Himmel?

Wer gehört für dich auf keinen Fall in den Himmel?

Was müsste er oder sie tun, um doch reinzukommen?

Wenn du dein Leben jetzt betrachtest, was ist jetzt schon himmlisch für dich?

Himmlisch ist ...

Knutschen ohne Ende | Nadine

Erdbeeren mit Sahne | Matthias

ein Kinderlachen | Nicola

ein verliebter Blick | Karin

Netzwerkparty | Christian

eine Eins in Mathe zu schreiben | Benjamin

ein Stadtbummel | Mona

ein Tor im Sport zu schießen | Julian

am Wochenende auszuschlafen | Markus

eine gute Lehrstelle zu haben | Tamara

meine Lieblingsmusik | Nathalie

O t o n

Lichtgestalt

M Ich bin in die Welt gekommen als ein Licht, damit, wer an mich glaubt, nicht in der Finsternis bleibe. | **Johannes 12, 46 nach Luther**

k Manchmal geht es mir sehr schlecht. Das ist die Finsternis in diesem Spruch. Aber kurz darauf sehe ich eine gute Freundin, also kommt ein Licht zu mir. Ich glaube, dass dieses Gute von Gott kommt, wie ein Engel. | **Carla**

WAS HEISST HIER LIEBE?

Die Tücken von Thema Nr. 1

Liebesgeflüster

Zärtliches Liebesgeflüster, so steht es im Hohenlied des König Salomos. Worte voller Sinnlichkeit. Eine schöne junge Frau, ein schöner Mann, die sich begehren. Sie freut sich auf ihn: »Mein Freund kommt zu mir.« Und er freut sich auf sie: »Mach schnell, mein Liebes. Komm heraus, geh mit mir!« Liebesgeflüster hat nichts Unmoralisches. Ohne solches Liebesgeflüster gibt es keine Partnerschaft. Aber reicht das denn? Gehört zur Partnerschaft nicht auch Treue, Vertrauen und Verantwortung? In der Liebe kommen sich zwei Menschen so nahe wie nirgends sonst. Aber sie können sich in der Liebe auch so tief verletzen wie sonst nirgends. Deshalb gehört zur Liebe nicht nur Eros, die Lust, sondern auch Agape, die Nächstenliebe, und Philia, die Zuneigung unter Freunden.

Glaube, Liebe, Hoffnung

Ich zeige euch etwas, was weit wichtiger ist als alle diese Gaben, denn wenn ich all dies kann, aber keine Liebe habe, dann bin ich ein dröhnender Gong und eine lärmende Schelle. Die Liebe ist geduldig und freundlich. Sie eifert nicht, sie prahlt nicht und spielt sich nicht auf. Die Liebe freut sich nicht über Ungerechtigkeit, sie freut sich aber an der Wahrheit. Die Liebe gibt nie auf, sie glaubt alles, sie hofft alles, sie erträgt alles. Auch wenn alles einmal aufhört, Glaube, Hoffnung, Liebe, diese drei werden bleiben. Aber die Liebe ist die größte unter ihnen. | aus 1. Korinther 13

David & Batseba

Am Abend ging David auf dem Dach seines Palastes spazieren. Da sah er im Hof des Nachbarhauses Batseba, die gerade badete. David schickte einen Boten und ließ die Frau in seinen Palast holen. Sie kam und er schlief mit ihr. Nach einiger Zeit ließ sie David ausrichten: »Ich bin schwanger.« Sofort beorderte David Urija, ihren Mann, aus dem Krieg zu sich und schickte ihn dann zu seiner Frau nach Hause. Doch Urija ging nicht nach Hause, sondern übernachtete am Tor des Palastes. »Warum warst du heute Nacht nicht bei deiner Frau?«, fragte ihn David. – »Die Männer Israels stehen in hartem Kampf und da soll ich nach Hause gehen und mit meiner Frau schlafen? Das werde ich sicher nicht tun«, erwiderte Urija. Am nächsten Morgen schrieb David einen Brief an seinen Heerführer Joab und ließ ihn durch Urija überbringen. Im Brief stand: »Stell Urija an die vorderste Front. Dann zieh dich mit deinen Leuten plötzlich zurück, sodass Urija erschlagen wird.« Als Batseba vom Tod ihres Mannes hörte, trauerte sie.
Als die Trauerzeit vorüber war, ließ David sie in seinen Palast holen. Er heiratete sie und sie gebar ihm

einen Sohn. Aber Gott missfiel, was David getan hatte. Deshalb sandte Gott seinen Propheten Natan zu David. Natan sprach: »Zwei Männer lebten in derselben Stadt. Der eine war reich, der andere arm. Der Reiche hatte viele Schafe und Rinder, der Arme nur ein einziges Lamm. Eines Tages bekam der Reiche Besuch. Er wollte keines von seinen Schafen für den Gast schlachten. Deshalb nahm er dem Armen sein Lamm weg.« Da rief David: »Wer das getan hat, muss sterben.« – »Du bist der Mann«, sagte Natan zu David. »Gott lässt dir sagen: Ich habe dich zum König über Israel gesalbt. Warum missachtest du dann meine Gebote? Du hast Urija auf dem Gewissen und du hast dir seine Frau genommen.« Da sagte David zu Natan: »Ich habe schwer gesündigt und bekenne mich schuldig vor Gott.« Natan erwiderte: »Gott wird dir vergeben. Du wirst leben, aber dein Sohn, der wird sterben.« Da wurde das Kind von David und Batseba schwer krank. Nach einer Woche starb das Kind und David ging zu seiner Frau Batseba und tröstete sie. Er schlief mit ihr und sie gebar einen Sohn. David nannte ihn Salomo. | 2. Samuel 11–12

bibeltext

check

Wie reagierst du?

A   Auf einer Party lachen alle über dich.
1. Ich gehe auf den Anführer oder die Anführerin der Gruppe zu, stelle mich ganz dicht vor die Person hin und frage, ob er oder sie das eigene T-Shirt im Kleidersack gefunden hat.
2. Ich warte, bis das Gelächter vorbei ist, und tue so, als ob es mir nichts ausmachen würde.
3. Ich lache mit und sage: »Schön, dass ich euch zum Lachen bringe.«

B   Du bekommst eine »5« in Mathe.
1. Ich sage überhaupt nichts und zeige niemandem mein Heft.
2. Ich hab überhaupt nichts getan in Mathe. Dafür ist es nicht schlecht.
3. Na ja, Mathe ist nicht meine Stärke. Hoffentlich wird die nächste Arbeit etwas besser.

C   Auf einer Party macht jemand deine Freundin oder deinen Freund an.
1. Ich mache dem Typ oder der Tussi klar, dass er oder sie demnächst massive Probleme bekommt.
2. Hi, dir gefällt meine Freundin/mein Freund? Schön, dass wir denselben Geschmack haben.
3. Ich bitte meine Freundin/meinen Freund ganz unauffällig mit mir woanders hinzugehen.

D   Du musst am Samstag schon um 22:30 Uhr nach Hause.
1. Ich sage nur, dass ich jetzt nach Hause gehe.
2. Meine Alten können mir gestohlen bleiben. Dann gibt es halt Ärger. Aber ich geh' jetzt noch nicht heim.
3. Freunde, ich muss leider gehen. Meine Alten sind sonst ganz nett, aber beim Heimkommen sind sie etwas komisch.

E Beim Fußball schießt du das entscheidende Tor!
1. Ein tolles Gefühl. Ich freu mich so – für mich und für die Mannschaft.
2. Glückstreffer. Kann jedem mal passieren.
3. War doch kein Problem. Reine Nervensache.

F Jemand schickt dir eine Mail, in der steht: Ich liebe dich.
1. Kann vorkommen.
2. Ich ignoriere die Mail einfach.
3. Das find ich schön, aber es kommt etwas überraschend für mich. Ich möchte dich gern sehen und mit dir darüber reden.

Auswertung: Markiere deine Antworten und zähle die Punkte zusammen.

	1.	2.	3.
A	3	1	6
B	1	3	6
C	3	6	1
D	1	3	6
E	6	1	3
F	3	1	6

Welcher Reaktions-Typ bist du?

Der schüchterne Typ (1–12 Punkte)
Du bekommst ganz genau die Stimmung in einer Gruppe mit. Du kannst dir gut vorstellen, was die anderen denken und wie du auf sie wirkst. Die meisten finden, dass du ein guter Kumpel bist, weil du niemanden unter Druck setzt. Du kannst aber ruhig ein wenig offensiver sein. Die anderen mögen dich trotzdem.

Der coole Typ (14–24 Punkte)
Du zeigst in jeder Situation mentale und körperliche Stärke. Nichts kann dich umwerfen. Die Gruppe akzeptiert dich, weil du deine Position auch in schwierigen Situationen halten kannst, aber du tust dich schwer deine Gefühle zu zeigen.

Der offene Typ (26–36 Punkte)
Du bist ein Sympathieträger. Du gewinnst leicht die Zuneigung anderer Menschen, weil du deine Gefühle zeigen kannst und mit schwierigen Situationen offen umgehst. Pass auf, dass dir der Erfolg nicht zu Kopf steigt. Man kann nicht alles im Leben mit Charme erledigen.

KAUM ZU GLAUBEN?

Warum dein Standpunkt wichtig ist

Erfahrungen mit Gott

Credo ist der lateinische Ausdruck für die ersten beiden Worte des apostolischen Glaubensbekenntnisses. Credo bedeutet: »Ich glaube.« Das apostolische Glaubensbekenntnis ist eines der ältesten Bekenntnisse der Christenheit. Früher nahm man an, dass es auf die Apostel zurückgeht. Apostel bedeutet Bote. So hießen die Jünger Jesu, nachdem sie an Pfingsten den Heiligen Geist empfangen hatten. In dem alten Credo findest du die wichtigsten Erfahrungen, die die ersten Christen mit Gott, dem Vater, dem Sohn und dem Heiligen Geist gemacht haben. Es kann dir helfen, deine Erfahrungen mit Gott in Worte zu fassen. Jeder Christ macht seine eigenen Erfahrungen mit Gott. Das apostolische Glaubensbekenntnis ist wie eine Vorlage, die du in dein Leben übersetzen und mit deinen eigenen Erfahrungen füllen kannst.

Das Apostolische Glaubensbekenntnis

Ich glaube an Gott,
den Vater, den Allmächtigen,
den Schöpfer des Himmels und der Erde.

Und an Jesus Christus,
seinen eingeborenen Sohn, unseren Herrn,
empfangen durch den Heiligen Geist,
geboren von der Jungfrau Maria,
gelitten unter Pontius Pilatus, gekreuzigt,
gestorben und begraben,
hinabgestiegen in das Reich des Todes,
am dritten Tage auferstanden von den Toten,
aufgefahren in den Himmel,
er sitzt zur rechten Gottes, des allmächtigen Vaters,
von dort wird er kommen zu richten die Lebenden
und die Toten.

Ich glaube an den Heiligen Geist,
die heilige christliche Kirche,
Gemeinschaft der Heiligen,
Vergebung der Sünden,
Auferstehung der Toten
und das ewige Leben.

Amen

Mein Credo

Ich glaube an Gott,
dass er lacht und feiert,
er ist glücklich, wenn ich glücklich bin,
und macht mich nicht traurig,
wenn ich fröhlich bin.
Ich glaube, dass Gott mich liebt,
er vergibt mir meine Missetaten
und bestraft mich nicht.
Ich glaube, dass er jeden von uns
so nimmt, wie er ist,
er akzeptiert unsere Fehler
und freut sich über unsere Begabungen,
und dass Gott sich nicht über meine Fehler lustig macht und mich nicht wegen
meiner Fehler missachtet. | Felix

Ich glaube,
dass Gott uns in seiner Hand hält,
weil wir seine Kinder sind,
und Gott mit uns wächst,
wenn wir erwachsen werden.
Er hält uns wie mit einem Bungee-
jumping-Seil, das uns sicher hält
und trotzdem frei sein lässt.
Ich glaube, dass Jesus Christus
mit uns leidet, liebt und lacht.
Ich glaube an den Heiligen Geist,
der Gott und Menschen verbindet,
der uns an Gott erinnert
und uns den Weg mit Gott zeigt
wie auf einer langen Straße
mit vielen Seitenstraßen. | Mareike

125

Mein Credo als Rap

Jetzt kommt erst mal das Glaubensbekenntnis,
ich glaube, ihr kennt es,
denn es bringt euch zur Erkenntnis.
Im ersten Teil geht's um Gott und die Welt,
nicht um Verbrechen und auch nicht um Geld.
Im zweiten Teil geht's um Jesus Christ (engl.),
von Maria zu Pilatus bis zum Heiligen Geist.
Ich glaube an Gott und ich glaube an Jesus,
er kennt meine Sünden,
doch ich glaube, er vergibt uns.
In der christlichen Kirche find ich Erbarmen,
und der Heilige Geist ist bei uns auf immer –
Amen. | **Fabian**

Hey Leute, wisst ihr was,
dieser Rap ist nur ein Spaß.
Wie wir auf Gott vertrauen, das wird euch vom
Hocker hauen.
Ihr wisst, was ich weiß, es geht um Gott, den Vater,
den Sohn und den Heiligen Geist.
Die Kirche ist unser Haus in der Not und Gott
schenkt euch euer tägliches Brot.
Jesus ist unser Mann, der die Welt verändern kann.
Der Heilige Geist verbindet uns alle und bringt uns
zusammen in dieser heiligen Halle.
Bevor jetzt alle auseinander rennen, wollen wir
unseren Glauben bekennen. | **Patrick und Christian**

Deine Meinung zählt!

Woran glaubst du ganz fest?
Woran glaubst du, bist dir aber nicht so sicher?
Woran glaubst du überhaupt nicht?

Glauben ist nicht kalt

Weißt du, was Protuberanzen sind? Protuberanzen sind ungeheure Energie-Entladungen der Sonne. Flammenzungen aus glühender Materie, die bis zu einer Million Kilometer weit ins All geschleudert werden. Sie fegen dann als Sonnensturm über die Erde hinweg. Dann bekommen die Flieger Funkstörungen und, wenn du am Nordpol bist, siehst du herrliche Polarlichter. Kannst du dir vorstellen, dass Glauben mit solchen Energie-Entladungen zu tun hat? Gott wird in der Bibel ja oft mit einer Sonne verglichen. Ich weiß, die Kirche sieht oft nicht danach aus. Steif, verstaubt und langweilig. Aber es könnte doch sein, dass es in ihrem Innern einen heißen Glutkern gibt. Und manchmal bricht aus Gott eine solche Protuberanz, eine gewaltige Energie hervor und erfasst die Menschen mit ihrer Kraft. Das geht nicht ohne Traditionen. Aber die biblischen Bilder, Geschichten, Bekenntnisse, mit denen du deinen Glauben ausdrükken kannst, sind Hilfsmittel, nicht der Glaube selbst. Wenn du etwas von der ungeheuren Energie und Lebendigkeit Gottes in dir spürst: Das ist Glauben.

Quellen